ORTA
VERLAG

Der Autor:

Dr. phil. **Fritz Fenzl,**
Jahrgang 1952

Studium der Theologie
(2. Staatsexamen, missio canonica)
Germanistik, Bildhauerei und Kunstgeschichte.

Doktorarbeit über Ludwig Thoma.

Seit 1983 Leiter der Monacensia und Handschriftensammlung der Stadt München.

Turmschreiber, Rundfunkpreis, Literaturpreis der Stadt München.

Buchautor und Kolumnist.

Lehrauftrag der Ludwig-Maximilian-Universität – München – für bayerische Literaturgeschichte.

Der Illustrator:

Franz Eder,

geboren 1942 in München, wo sonst?

- lernte Kartographie und Grafik,
- lebte 10 Jahre bei den Eidgenossen,
- zeichnete u. a. für „Hör zu", „Playboy", „Medical Tribune", „Nebelspalter", „Münchner Merkur", „Münchner Stadtanzeiger", „Rosenheimer Verlag" und „ORTA-Verlag",
- stellte seine Zeichnungen in west- und osteuropäischen Ländern und in den USA aus,
- ist Mitglied der „Schwabinger Katakombe".

Die Urschrift
– vom göttlichen Humor –

ORTA
VERLAG

ORTA-Buch Nr. 8809
im ORTA-Verlag, München

Schleißheimer Straße 468, 8000 München 45
Telefon 089/3147335-42
Telefax 089/3130003

Printed in Germany 1988
Satz: Fotosatz Mohrenweiser GmbH, 8120 Weilheim
Druck: Ebner Ulm
ISBN 3-926375-09-4

Aus dem Inhalt

Vorwort 10

Wie die Ur-Schrift gefunden wurde 13

Altes Testament

Die Erschaffung der Erde (Genesis)
1. – 7. Tag 19

Die Erschaffung der Zeit
(Oiss bleibt beim Oidn) 32

Der Sündenfall
(Pfui Deifi , des wurmt mi!) 35

Die Strafe für die Sünde
(Ihr habt's es in der Hand) 37

Aufstieg und Abstieg des Teufels
(Mach koane Sparifankerl ned) 40

Das Böse gelangt in die Welt
(Das Un-Guate) 42

Saudumm und Gomorrha 44

Moses
(Daherg'schwommen) 49

Die Plagen in Ägypten
(A Plag is da des) 51

Der Durchzug durch das Rote Meer
(Nass neigeh) 55

Speisung in der Wüste
(Essn für alle Manna) 57

Schlacht gegen die Amalekiter
(Arm dro) 63

Die zehn Gebote
(Leem und leem lassen) 65

Das goldene Kalb
(Ja, ihr Rindviecher) 67

Die Trompeten von Jericho
(Mia foit nix ei) 71

Samson und Delila
(Echt stark) 74

Das Saitenspiel des jungen David
(Andere Seiten aufziang) 79

David und Goliath
(Ins Schleudern kemma) 82

David und Bathseba
(Buidsauber) 85

Absalom
(Hängableim) 88

Salomon
(Mach koane Sprüch) 91

Propheten
(Wos du ned sogst) 94

Klagepropheten
(Oh meiohmeiohmeiohmei . . .) 97

Elias, der Prophet
(Gäh zua) 98

Jonas
(I mog ned) 100

Die drei Jünglinge im Feuerofen
(Wia hoaßt denn du) 103

Susanna im Bade
(Des mächt i ned ausbodn) 105

Daniel in der Löwengrube
(Die hübschen Grübchen) 109

Judith
(Kopf hoch, Holofernes) 113

Neues Testament

Am Anfang war
(Oiss war klar) 116

Heilige Nacht 117

Salome und Johannes der Täufer
(Um Kopf und Kragen bringen) 120

Die Berufung der Jünger
(Kum) 124

Wahrlich, ich sage Euch 125

Die Versuchung in der Wüste
(Schleich di!) 127

Der reiche Fischfang
Der Sturm auf dem See
Heilung eines Gelähmten 129

Aus Wasser wird Wein 131

Jesus geht über den See 133

Das Lachen von Jesus 135

Jesus heilt Aussätzige 138

Jesus, die Frauen,
die Auferstehung 140

Die Wunder Jesus 142

Eine originale
Wundererzählung 144

Das Schweigegebot 145

Die Apostelgeschichte 147

Vor der Schöpfung
Zwischen der Schöpfung
Nach der Schöpfung

Die Erschaffung des Erschaffens 150

Die Nicht-Erschaffung von
Anfang und Ende 153

Die Erschaffung des Jetzt 155

Die Erschaffung des Danach 157

Die Erschaffung der Lust 159

Die Erschaffung des Geistes 161

Die Erschaffung der Sprache 163

Die Erschaffung des Glaubens 165

Die Erschaffung der Theologie 167

Die Erschaffung der Enttäuschung 170

Die Selbst-Erschaffung des Erfolges 173

Der endgültige Beweis 175

Vorwort

Liebe Leserin, lieber Leser,

warum lacht Jesus nie... in der Bibel, die wir kennen?
In der *Ur-Schrift* steht:
Er *hat* gelacht.

Wie jedermann weiß, ist die Bibel eine Ansammlung von altehrwürdigen Texten, die, in ihrer Gesamtheit und wunderbaren Entstehungsgeschichte, zur Einheit unserer „Heiligen Schrift“ zusammengewachsen sind.

Die *Ur-Schrift* aber war bayrisch, und die uns bekannten Bibelausgaben wurden erst viel später in alle Sprachen der Welt übersetzt.

Durch Übersetzungsfehler wurde aus dem Lachen von Jesus ein melancholisch – statischer Ernst, der zu dem Jesus, den wir kennen und lieben (und der uns kennt und liebt!) –, gar nicht paßt. Ein Ernst, der aber alle Jesus-Darstellungen und Vorstellungen, quer durch die Jahrhunderte des Christentums, geprägt hat.
Wir werden bei der Lektüre der *Ur-Schrift* erfahren, warum Jesus oft herzhaft lachen mußte.

Wir erfahren von Gottes Liebe zur Schöpfung, einer hingebungsvollen Liebe, die nur selten von den geschöpften Geschöpfen erwidert wurde; von der Einsamkeit eines so schöpferischen Gottes, der Menschen nach seinem – Göttlichen Bilde! –, erschuf, weil er nicht mehr allein sein wollte.

Wir erfahren von den Begriffen: „... a Essn für alle *Manna* hamma ...!" – daher die Bezeichnung „*Manna!*", wir erfahren von den weisen Sprüchen Salomons: „... mach koane *Sprüch*...", und von der Bedeutung der Wunder Jesu: „... waar ja koa *Wunder* ned ..."

Eins fällt auf: Die zahlreichen Prophetien der *Ur-Schrift* meinen genau unsere Zeit. Die Zeit vor der Jahrtausendwende.

Sie meinen *Uns!*

Wir erfahren auch viel von der Dummheit der Menschen. Von Menschen, die Gottes Heilsangebot ausschlugen.

Dummheit, leider, ist so ewiglich wie die Schöpfung selbst. Sie, die Dummheit, bleibt konserviert, konservierend und „eingemacht".

Aber Geist, Einsicht, Intuition, Witz und Humor überwinden die Dummheit immer wieder.

Der schöpferische Geist bleibt bestehen.

Ewig.

Er kann nicht untergehen, denn er würde sich, immer und ewig wieder –, aus sich selbst schöpfen.

Das ist der „Pferdefuß" des Bösen, Negativen, Neidischen und Zerstörerischen: Er kann nichts schaffen, nur Geschaffenes umdrehen; die *Ur-Schrift* erzählt davon.

Was ewiglich bleibt, ist der schöpferische, wohlgesonnene Geist; und Gott ist der schöpferische Geist.

Und die Menschen sind, . . . wären . . . eigentlich sein Ebenbild.

Alles geht weiter und drängt zur Vollendung! Und Humor ist die Sicht der Vollendung.

Viel Freude beim Lesen!

Ihr
Dr. Fritz Fenzl

Wie die Ur-Schrift gefunden wurde: Auszüge aus dem Verlagstagebuch

17. Mai
Um 9.30 Uhr erreichte uns ein Telex unseres oberbayerischen Redakteurs Elmar Schneider, in dem er uns mitteilte, daß in der Abbausaline „Luise" des Salzbergwerkes Bad Reichenhall Schriftrollen gefunden wurden, die vermutlich sehr alt sind, aber über deren Inhalt und Bedeutung noch nichts Genaueres gesagt werden kann.

Bereits zwei Stunden später war Dr. Fritz Fenzl aus München in unserem Auftrag nach Bad Reichenhall unterwegs, um eine erste Besichtigung und Wertung der Schriftrollen vorzunehmen. Noch am Abend desselben Tages äußerte er die vorsichtige Vermutung, daß es sich um Schriftstücke handeln könnte, deren Ursprung weit vor dem, aller uns bekannten Schriften liegt.

18. Mai
Dr. Fenzl hat die Nacht durchgearbeitet und am frühen Morgen, sehr aufgeregt um die Mitarbeit von Theologen, Archäologen und Chemikern gebeten.

Als am späten Nachmittag die ersten Laboranalysen vorlagen, bahnte sich eine Sensation an. Die Halbwert-Verfallzeit der Pergamente ergab, daß die Schriftrollen lange vor den uns bekannten, ältesten Bibelausgaben, verfaßt wurden. Wir hatten somit die ältesten Aufzeichnungen der Bibel in unseren Händen. Nachfolgende Analysen von Mitarbeitern des Max-Planck-Institutes in München, bestätigten das Alter der Schriftrollen.

19. Mai
Wieder wurde die Nacht durchgearbeitet. Am Nachmittag war die Sensation perfekt.

In der ersten Verlagsbesprechung am Fundort legte uns Dr. Fenzl die ersten Seiten der Schriftrollen vor und wir konnten uns selbst davon überzeugen, daß es sich um die Urschrift der Bibel handelt und die Texte in altbayrisch geschrieben sind.

Noch am selben Tag wurden Naturwissenschaftler, Geisteswissenschaftler und Theologen aus aller Welt in eine Arbeitsgruppe berufen, um die Texte zu deuten. Die Leitung dieses Gremiums übernahm Dr. Fenzl.

20. Mai
Die ersten übersetzten Seiten liegen im Verlag, aber für eine voreilige Deutung ist das Material noch zu dürftig. Daß die Urschrift zeitlich vor allen uns bekannten Bibel-Niederschriften einzuordnen ist, steht aber bereits jetzt fest.

29. Mai
Die Wissenschaftler haben schier Übermenschliches geleistet. 160 Seiten sind überarbeitet und eine erste Inhaltsanalyse kann gemacht werden:

Die uns bekannten Bibel-Ausgaben sind Übersetzungen der Ur-Schrift. Sie wurden aus dem Altbayerischen ins Hebräische, später ins Griechische, dann ins Lateinische und sodann in alle

Sprachen der Welt übersetzt.

Allein die deutschen Übersetzungen widersprechen sich mehrfach in ihren Lesearten.

Die Schriften vor Luther, dann Luthers gewaltiges Sprachwerk und heute die Vielzahl, der von evangelischer oder katholischer Tradition geprägten Übersetzungen, sind nur ein Beispiel.

So und nicht anders erklären sich einige Unverständlichkeiten, die sich durch die Theologiegeschichte und die Textauslegungen, die „Exegese“, bis heute ziehen.
Mit der Ur-Schrift lassen sich nun viele Mißverständisse, der uns bekannten Heiligen Schrift, erklären.

Die Ur-Bibel ist in einer schlichten Einfachheit, Ehrlichkeit und Schnörkellosigkeit geschrieben. Sie beginnt lange vor der Genesis und steckt voller Prophetien, die bis ins heutige Jahrhundert reichen. Sie ist eine Bibel zum Freuen! Sie ist im wahrsten Sinne des Wortes eine frohe Botschaft. Die Ur-Schrift sät keine Zweifel an der uns bisher bekannten Heiligen Schrift – sie erklärt, führt zu den Quellen zurück und berichtet über die göttlichste aller göttlichen Eigenschaften: **Den Humor.**

16. Juni
Wir halten es für unsere Pflicht, den Inhalt der bereits restaurierten Schriftrollen sofort zu veröffentlichen, auch wenn die Restaurationsarbeiten noch nicht abgeschlossen sind.

Das Gesamtmaterial ist viel umfangreicher. Wir werden das Übrige, nach einer gewissenhaften Renovierung, selbstverständlich ebenfals der Öffentlichkeit zugänglich machen.

Viel Vergnügen mit Ihrer Ur-Schrift

Die Verleger

Aus dem
Alten Testament

eder

Die Erschaffung der Erde

*„Umgoodswuin!”**

Der Liebe Gott sah das Chaos und sagte: „Umgoodswuin . . .!“

Er hätte eigentlich sagen müssen: „Umichswuin!“

Aber lange schon hatte er die Gewohnheit, sich selbst beim Namen zu nennen. Es war ja, außer ihm, niemand da vor der Schöpfung.

Dieses *„Umgoodswuin“* ist nur in der Ur-Schrift überliefert und lebt heute noch fort in der Bayerischen Sprache. Es beweist, daß Gott, der allmächtige Vater, erschrak angesichts der Unordnung und, dies ist wichtig:

Daß die Schöpfung ein Willensakt war und ist. Sie geschah durch Gottes Willen, um Gottes Willen wegen.

Deshalb: *Umgoodswuin!*

* Um Gottes Willen

Der erste Tag

*„I siech nix!”**

Der Liebe Gott sah also die Unordnung, das heißt, er sah, außer der Unordnung, nichts.

Nichts ordentliches. Nur Un-Ordentliches.

Da sagte er: „I siech nix!“

Hier liefert unsere Ur-Schrift den Schlüssel zum Gedanken der Schöpfung:
„I siech nix!“

Spätere Übersetzungen haben diesen Satz mit „es werde Licht ...“ erklärt. Denn der Liebe Gott, der die Ordnung liebt, wollte diese Ordnung auch sehen, wenn er sich schon die Mühe machte, sie zu erschaffen.

Er erschuf das Licht, und, da er wußte, daß die Menschen bald wieder die Unordnung haben wollen würden –, ließ er der Finsternis den gebührenden Freiraum.

Licht und Finsternis zusammen aber ergaben ein gar zu schummriges Licht, deshalb schied Gott das Licht von der Finsternis.

Und er nannte das Licht Tag und die Finsternis nannte er Nacht.

Und diese Nacht brauchte er jetzt, denn er war müde nach dem ersten Tag. Er legte sich hin und schlief sofort ein.

* Ich sehe nichts

Der zweite Tag

„Himmel . . . !"

Er erwachte am Morgen des zweiten Tages, wie er noch nie erwacht war.

Denn helles, zauberhaftes Licht blendete ihn, das Licht des Morgens, Licht, das er gestern erst erschaffen hatte. In freudiger Erregung rief Gottvater:
„Himmel . . . !"

Und siehe da, er hatte den Himmel erschaffen.

Denn alles, was er in dieser schöpferischen Woche aussprach, das verdichtete sich augenblicklich zum Geschaffenen.

Er sah den Himmel, sah, daß der Himmel gut war, wählte diesen als seinen Wohnsitz und gab sich einem himmlischen Schlummer hin:

Das war der zweite Tag.

Der dritte Tag

Da bekam Gottvater einen unglaublichen Durst.

„Ich sitze ja ganz auf dem Trockenen“, dachte er sich und er sprach:
„Das Wasser unter dem Himmel sammle sich an einen Ort, daß das Trockene sichtbar werde.“

Und es geschah also.

Da er immer noch auf dem Trockenen saß, nannte er das Trockene Land und die Ansammlung der Wasser nannte er Meer. Und er sah, daß es gut war, aber Durst hatte er trotzdem.

Und es ward Abend und ward Morgen: Ein Gott sei Dank, kurzer dritter Tag.

Der vierte Tag

*„Wasser und Wasser is zwoaraloa!"**

Da Gottvater die Ansammlung des Wassers „Meer“ genannt hatte, – gab es nur Meerwasser um ihn herum.

Kein Süßwasser.

So saß er zweimal auf dem Trockenen. Er saß auf dem vom Wasser geschiedenen Land, hatte genug Salzwasser, das ihn umgab..., aber kein Wasser zu trinken.

Da erinnerte er sich an den „zweiten Tag“ und das, was er vorgestern erschaffen hatte.

Unsere Ur-Schrift berichtet:
„Wasser und Wasser is zwoaraloa. – Trinkwasser, wie alles Gute, kommt von oben!“

Dies wurde später übersetzt mit:
„Gott machte die Feste und schied das Wasser unter der Feste von den Wassern über der Feste. Und Gott nannte die Feste Himmel.“

Wieder einmal kann die Ur-Schrift eine offene Frage der Genesis erklären:
Warum Wasser oben und Wasser unten? Manche Siebeng'scheite haben dies mit dem „alt-orientalischen Weltbild“ zu erklären versucht.

Stimmt alles nicht.

Gottvater hatte das Trinkwasser erschaffen, ohne dies zunächst selbst zu bemerken.

Später, am dritten Tag, und jetzt, zu Beginn des vierten Tages, da ihn ein mächtiger Durst plagte, fiel es ihn wieder ein.

Er ließ es tüchtig regnen und trank und trank und trank. „– Göttlich ...! Dies frische Wasser!" freute er sich.
Eigentlich hätte er „... Ich-lich!" sagen müssen. Aber er vermied und vermeidet das „Ich ...", weil Gott das Gegenteil von einem Egoisten ist, der immerzu „ich ..." sagen muß. Das sollte später ein anderer tun, sein oberster Licht-Engel, und alle, die sich von ihm anstecken lassen würden ..., doch davon später. –

Gottvater freute sich über das frische Wasser so sehr, daß er Sonne, Mond und Sterne erschuf.

Er freute sich deshalb, weil er wußte, wie sich andere darüber freuen würden, eben, weil Gott kein Egoist ist und immer an andere denkt.

Es war schwer, an andere zu denken, weil noch keine anderen da waren.

Aber Gott in seiner Göttlichkeit dachte an andere.

Und er beschloß, die anderen zu erschaffen in den nächsten Tagen.

Jetzt aber dachte er erst mal an die Gestirne:
Und Gott setzte die Gestirne an die Feste des Himmels, daß sie auf die Erde leuchten und Tag und Nacht beherrschen und Licht und Finsternis scheiden.

Und Gott sah, daß es gut war.

Er nahm einen Abendschluck frischen Wassers
und es ward Abend und ward Morgen.

Ein vierter Tag.

* Wasser und Wasser sind zweierlei

Der fünfte Tag

„Wie ein Fisch im Wasser..."

Der Liebe Gott erwachte am fünften Tag, genoß die herrlichen Strahlen der Morgensonne, wünschte dem Mond eine gute Nacht und den Sternen auch.

Er trank von dem frischen Süßwasser, das er am Vortage erschaffen hatte und dachte voll Freude: „Heute fühle ich mich wie ein Fisch im Wasser...!"
– Ein Fisch? –

In der Ur-Schrift, – und nur da! – steht:
„Wie ein Fisch im Wasser..."

Da war er: Der erste Fisch. Er sah Gott mit großen Augen an und schwamm im Kreis herum.

Warum war er da? Weil Gottvater das Wort *„Fisch"* gedacht hatte. Alles Gedachte wurde in diesen sechs Tagen Schöpfung.

Grünzeug für den kleinen Fisch brauchte Gott nicht mehr zu erschaffen, das hatte er schon am dritten Tage getan.

In allen uns bekannten Bibeln steht:
„Die Erde lasse sprossen junges Grün: Kraut, das Samen trägt, und Fruchtbäume, die nach ihrer Art Früchte tragen auf der Erde, in denen ihr Same ist. Und es geschah also..."

Und jetzt kam so ein kleiner, gerade erst erschaffener Fisch daher und nannte das alles *„Grünzeug"*.

Gottvater freute sich so sehr über den kleinen frechen Kerl* im Wasser, daß er *„Grünzeug"* auch unter Wasser wachsen ließ.

Der Fisch fraß und sah, daß es gut war.

Er fraß soviel, daß er kräftig wuchs und dann sagte:
„Ich habe das ewige *‚Grünzeug'* satt!"
„Was soll das heißen?"
„Ein großer Fisch wie ich braucht andere, kleine Fische, die er fressen kann!"
„Wirklich?"
„Das ist der Lauf der Welt", sagte der große kleine Fisch.

Da sagte Gott:
„Sei duats was!" **

Und weil er den Fisch, den er als kleines Fischlein und als erstes Lebewesen der Schöpfung kannte und liebgewonnen hatte, da tat er ihm den Gefallen.

Er sprach:
„Es wimmle das Wasser von lebenden Wesen . . ."

Er schuf die großen Seetiere und alles, wovon das Wasser wimmelt.

Aber ein wenig traurig war er doch.

Die großen Fische fraßen die kleinen und die kleinen Fische hatten Angst. Sie wollten überleben und groß werden und andere kleine Fische fressen.

Die kleinen Fische hatten soviel Angst, daß es ihnen die Sprache verschlug. Sie redeten nicht mehr so fröhlich, wie das erste kleine Fischlein. Sie schwammen um ihr Leben. Und die großen Fische fraßen und sprachen nicht.

Deshalb sind die Fische stumm bis heute.

Und Gott sah dieses Treiben und dachte, irgendwann zu diesem Zeitpunkt, an den Menschen.

Er ließ die Fische Fische sein und schlief ein.

Ein fünfter Tag.

* Gott sei Dank dachte er nicht: „Frechdachs", sondern bloß „frecher kleiner Kerl"; sonst wäre auf der Stelle der Dachs erschaffen gewesen, jedoch die Landtiere kamen später dran...!

** So ist es.

Der sechste Tag

„*Das Urviech*"

Und Gott sprach:
„Die Erde bringe hervor lebendiges Getier, ein jedes nach seiner Art: Vieh, Gewürm und Tiere des Feldes, ein jedes nach seiner Art". Und es geschah so.

Und Gott machte die Tiere des Feldes, ein jedes nach seiner Art und alles Gewürm des Erdbodens nach seiner Art.

Und Gott sah, daß es gut war.

Er sprach:
„*Viecher* habe ich genug erschaffen. Jetzt brauche ich nur noch ein *Ur-Viech*, das glauben soll, über allen anderen Lebewesen zu stehen.

Und Gott erschuf das *Urviech*.

So erklärt uns die Ur-Schrift, wie das *Urviech* entstand:
Der Mensch ...

Noch heute sagt man in Bayern zu einem ordentlich geschaffenen Menschen:
„... so ein *Urviech* ...!"

Spätere Heilige Schriften übersetzen:
„Und Gott erschuf den Menschen . . ." Darüber ist viel erzählt und geschrieben worden. Man braucht sich die Schöpfungsgeschichte nur durchzulesen.

eder
Loam

Gott wollte ein *Ur-Viech* erschaffen. Was ihm auch gelang!

Als er es erschaffen hatte, sah er es lange an, fragte sich, ob es gut sei und hatte für immer genug von der Schöpferei.

Der siebte Tag

„Mei Ruah mecht i ham . . .!“ *

Als Gottvater das *Urvieh* sah, und sah, wie undankbar es war . . . da langte es ihm!

Er legte sich auf sein Himmelbett und sagte:
„Mei Ruah mecht i ham . . .!“

Genau das sagt unsere Ur-Schrift. In anderen, später aus der Ur-Schrift abgeleiteten Bibeln, steht: „Und so vollendete Gott am siebenten Tage seine Werke, die er machte, und ruhte am siebenten Tage von allen seinen Werken, die er gemacht hatte. Und Gott segnete den siebenten Tag und heiligte ihn, weil er an ihm ruhte von allen seinen Werken, die Gott geschaffen und gemacht hatte.“

Unsere Ur-Schrift aber sagt:
Gottvater hatte genug.

* Ich möchte meine Ruhe haben.

Einfach zum Nachdenken:

Die Erschaffung der Zeit

„Oiss bleibt beim Oidn“ *

„Zeit lassen, – Ois bleibt beim Oidn“, steht in der Ur-Schrift.

„Und es ward Abend und ward Morgen“, so lautet die Übersetzung in den späteren Schriften.

So wissen wir Ur-Schrift-Leser:

Oiss bleibt beim Oidn: Es gab keine Zeit, es gibt keine Zeit und es wird keine Zeit geben.

Deshalb kann man sich, wenn man mag, die drei Zeitformen „gab/gibt/wird geben„ . . . ruhig sparen.
Also Vergangenheit/Gegenwart/und Zukunft!

Sie werden sich fragen:
„Aber, wir leben doch in der Zeit?“ Wenn es Abend wird und Morgen, – ist das dann nicht „Zeit“?
– Wenn wir uns Zeit lassen sollen, dann brauchen wir doch „Zeit“, um uns „Zeit“ zu lassen . . .?“
Richtig.

Die Zeit gibt es seit Adam und Eva, das heißt, es gibt die Zeit für Menschen, die sterben müssen.

Aber der Zeit ist es egal, ob es für Menschen eine Zeit gibt, weil es für die Zeit eben keine Zeit gibt.

Wenngleich es sechs Tage waren, die sich Gottvater nahm, – er war an keine Zeit gebunden, Zeit ist für den Ewigen nur Spielerei.

Was sind schon sechs Tage von der zeitlosen Ewigkeit?
Nichts.

Eine zeitloses Problem für die, die in der Zeit leben; in einer Zeit, die es, – eigentlich –, gar nicht gibt.

Es ward Abend, es ward Morgen . . .
Das ist alles.
Zeit gibt es keine.

In der Bayerischen Sprache schimmert bisweilen die Einsicht in diese Zeit-losigkeit durch, die Zeit-losigkeit, die nichts anderes ist, als die Ewigkeit . . .
. . . immer, wenn wir sagen:
„Zeit lassen, – Oiss bleibt beim Oidn.“

Denken Sie darüber nach, liebe Ur-Schrift-Leser.
Und, vergessen Sie nicht:
Lassen Sie sich Zeit dabei.

* Alles bleibt beim Alten.

eder

Der Sündenfall

*„Pfui Deifi! – des wurmt mi . . .!"**

Dann kam der Sündenfall.
Der ist ja allen bekannt.

Die Schriftrollen der Ur-Schrift jedoch deuten darauf hin, daß es, – zu der Zeit! – gar keinen Teufel gab. Schon gar keinen Teufel, der in Form einer Schlange die Eva verführte.
Oder verführen hätte können.
Er war ja noch nicht erschaffen, der Teufel!

Und die Schlange, die sich um den Baum wand, war nichts anderes als eine Schlange, die sich um den Baum wand.
Sonst nichts. Ganz einfach.
Und weil Eva nichts anderes als eine Eva war, nahm sie den Apfel und biß hinein. So, wie man halt in einen Apfel beißt, der schmeckt.
Sie biß mitten auf einen Wurm und sagte:
„Pfui Deifi!"

„Was gibst du da von dir?" fragte der Liebe Gott, der hinzugetreten war.
„Pfui Deifi!" wiederholte sie und zeigte den Apfel und den verletzten Wurm.

Das brachte beim Lieben Gott jetzt wirklich das Faß zum Überlaufen.
Er sprach:

„Das wurmt mich jetzt wirklich! – Fällt euch Menschen nichts anderes ein, als mich zu ärgern und meine Vorschriften zu übergehen?“ (siehe Moses 1,3).
Und er warf beide, Adam und Eva, aus dem Paradies.

Der Liebe Gott hob den Apfel auf, sah den Wurm, den Eva zerbissen hatte und meinte, ganz in Gedanken:
„Pfui Deifi . . .!“
Schon war der *„Deifi“* erschaffen.

Wenn er sich auch noch so aufspielen mag, der Sparifankerl, er ist doch vom Lieben Gott abhängig, weil er nicht vorher da war. So ist das.

Aus dem Wurm der Ur-Schrift hat sich später, nach mehreren Übersetzungen, die teufliche Schlange entwickelt. Teuflisch deswegen, weil sich alles, im Laufe der Textgeschichte, mit Evas *„Pfui Deifi!“* verbunden hat.

* Igitt, das ekelt mich!

Die Strafe für die Sünde

„Ihr habt's es in der Hand!“

„Feindschaft will ich setzen zwischen Dir und dem Weibe ...“, sagte der Liebe Gott.

So steht es in allen Bibeln der Welt.

Die Ur-Schrift weiß mehr.
Der Liebe Gott, weil er eben ein guter Gott ist, hatte trotz des Sündenfalls Mitleid mit den beiden elenden Dummköpfen.

Er schimpfte zwar, gebot aber dann dem noch viel zornigeren Flammenschwert-Engel Einhalt und sprach, mit Göttlicher Güte, zu Adam und Eva:

„Aus dem Paradies müßt ihr, das habt ihr euch selber verdorben. Eva muß unter Schmerzen Kinder gebären und Adam im Schweiße seines Angesichtes sein Brot verdienen. Aber ...“, – Gottvater hob ermutigend den Finger –, „... ihr könnt das Beste daraus machen:
Ihr habt's es in der Hand!
Sonst werdet ihr euch selber noch Feinde –, und dann Gnade euch Gott!“

Adam und Eva waren gar nicht so dumm.
Sie „... machten das Beste daraus ...“, bekamen Kinder, Kindeskinder, die wiederum Kinder und Kindeskinder bekamen ...
... und so weiter.
Alles ging gut.

Diesen Inhalt kennen wir aus den bekannten Bibelausgaben.

Die Urschrift aber berichtet weiter – bis ins zwanzigste Jahrhundert.

„Ihr habt's es in der Hand!", das waren die mahnenden Worte von Gottvater.

Da werden die Adams und Evas der ganzen Welt wieder gegeneinander zu kämpfen beginnen und sich um ihre Geschlechterrollen beneiden.

Die Frauen werden die Männer dafür beneiden, daß diese im Schweiße ihres Angesichtes ihr Brot verdienen müssen..., und die Männer werden die Frauen um ihre Weiblichkeit beneiden und darum, daß sie unter Schmerzen Kinder gebären müssen.

Frauen werden bei Männerberufen dabeisein wollen und die Männer bei den Geburten.

Jeder wird glauben, daß er etwas versäumt; und sie werden, wie jeder, der glaubt, etwas zu versäumen, unglücklich sein.
Sie werden sich hassen, und wenn sich dennoch ein Paar finden wird, das treu ist und anders denkt, so werden sie dieses Paar verspotten.

Dann wird der Teufel erreicht haben, was er mit seinem lächerlichen Apfel nicht erreicht hat.

Da werden sie nichts mehr in der Hand haben. Alles wird ihnen *„Aus den Händen gerissen"* werden und sie werden *„emanzipiert"** sein.

Der Teufel lacht.
„Ihr habt's es in der Hand!"
In der Urschrift steht es.
So sprach der Liebe Gott.
Damals.

* Ex manibus zipere: lateinisch = aus den Händen reißen.

Einfach zum Nachdenken:

Aufstieg und Abstieg des Teufels

Mach koane Sparifankerl ned!

Die Abhängigkeit des Teufels vom Lieben Gott wurde für den „Deifi“ immer unerträglicher.

Der Teufel, eine Außenseiternatur, war intelligenter und schöpferischer als die anderen Engel, – und das wurde seine Tragödie.
Denn er war nicht schöpferisch genug.

So, wie es heute noch auf der Erde ist: All die, die nicht dumm sind und Ehrgeiz haben, die *„nach oben“* sehen und wollen..., die es aber doch nicht schaffen.
(Weil „es“ nicht reicht!)
Was bleibt, ist der Neid.

Der Teufel sah hoch zum Lieben Gott und wurde vor Neid über dessen Schöpferkraft grün und gelb. Seine Augen verfärbten sich zu einem galligen Giftgrün, der Farbe des Neides, – bis heute.

In der Hierarchie des Himmels allerdings machte der Teufel eine beachtliche Karriere.
So wie viele Intriganten.
Er brachte es zum Licht-Engel, nannte sich deshalb „Luzifer“ und trug nicht nur das Licht, son-

dern, vor allem und allen, die Nase höher und höher.
Obwohl Gottvater es war, der Luzifers Aufstieg ermöglichte, – denn Gott hatte mit dem armen, lichtverblendeten Teufel Mitleid –, sah dieser Teufel, der ein teuflischer Engel war, mit scheelen und gierigen Augen nach Gottes Thron.

Er wurde hoffärtiger denn je und griff nach dem Thron. Das war natürlich aussichtslos, denn der Teufel, als Geschöpf Gottes, hatte nicht „das Zeug" zur Machtübernahme.

„Mach koane Sparifankerl ned!" sagte Gott souverän.
So berichtet die Ur-Schrift.

Seitdem existiert diese Bezeichnung *„Sparifankerl"* für Luzifer, den gefallenen Engel.
In Bayern gibt es dieses Wort noch heute.

Der Sparifankerl stürzte ab.
Seitdem waltet er in der Unterwelt und versucht, die Dummen (denn Dummheit und Anmaßung sind eins!) . . . auf seine Seite zu ziehen.
Er findet gar manche, gelangt aber nie an sein Ziel, weil er eben nur ein *„armer Teufel"* ist.

Der Liebe Gott hat ihm verziehen, wundert sich aber, daß es immer wieder Menschen gibt, die auf Luzifer, den gefallenen Engel, den Sparifankerl, hereinfallen.

Einfach zum Nachdenken:

Das Böse gelangt in die Welt

Das Un-Guate

Dem Sparifankerl war nicht zu helfen.
Er neidete weiter, neidete Gottes Herrlichkeit und suchte sich fortan Dumme, die er von seinem Gedankengut überzeugen konnte.
„Ich will Un-Gut sein ...“, beschloß er, und das ist er bis heute geblieben: *Un-Guat!*
Genauso steht es in der Ur-Schrift.

Dies ist auch die Erklärung für jene trübe Befindlichkeit auf der Welt, die wir *„das Böse“* nennen: Das Böse –, ist nichts anderes, als daß man das Gute sein läßt, also Un-Guat ist.

Es gibt das Böse nicht in der Schöpfung, denn, dem Lieben Gott wäre es beim Schöpfungsakt niemals eingefallen, *„Böses“* zu schaffen.
Er schuf nur Gutes.

Durch die Vermessenheit, Undankbarkeit und Blödigkeit seiner Geschöpfe allerdings geschah es, daß das Gute immer mehr ins Hintertreffen geriet.

Und wenn einer böse ist, tut er nichts anderes, als Gutes, das er nicht tut!

Das ärgert den Sparifankerl bis heute, denn er

hat mit seiner, – vermeintlichen! – Eigenschöpfung *„Das Böse“* nichts anderes getan, als dem Lieben Gott sein gutes Schöpfungswerk zu verdrehen.

Aus dem Wort *„Deifi“* in der Ur-Schrift haben die Griechen dann *„Diabolos“* gemacht, was nichts anderes bedeutet als:
„Auf-den-Kopf-Steller“; „Durcheinanderrüttler“...
Gottvater war eben zuerst da.
Armer Deifi!

Sodom und Gomorrha

„Saudumm und Gomorrha"

Mit den von Gott erschaffenen Menschen ging es wieder einmal drunter und drüber. Sie führten sich auf, daß es einem grausen konnte.
Sie schlugen sich gegenseitig tot, soffen, stahlen, hurten und hörten nicht auf das, was der Liebe Gott ihnen sagte.

Sie sahen nicht ein, daß das Zusammenleben der Menschen eine höhere Ordnung erfordert: Rücksichtnahme und Respekt vor dem Mitmenschen.
Denn sonst wird das Leben für jeden einzelnen zur Hölle.
Der Teufel freute sich.

Sie waren nicht eigentlich böse, diese Menschen, wie man vermuten möchte, sie ließen sich aber von Egoismus, Raffsucht und Habgier vollkommen beherrschen.
Sie glaubten, sie würden herrschen. Aber sie wurden beherrscht.
Warum merkten sie nicht, daß sie Sklaven ihrer selbst blieben?
Weil die *saudumm* waren!
Und, wer *saudumm* ist, der meint, er sei allein auf der Welt. Auch heute noch.

Nur einer, der war nicht so *saudumm*. Er hieß Lot. Bei ihm was alles im Lot.

eder

Lot lebte in der Stadt Gomorrha, aber sein Weib Sara war ebenfalls *„Saudumm"*.
Saudumm in Gomorrha.
Unsere Bibel liefert diesen Original-Satz:
„Saudumm in Gomorrha".
Das wurde später mit *„Sodom und Gomorrha"* übersetzt.

Dem Lieben Gott aber langte es von den saudummen Gomorrhern.
Er sprach mit Lot, dem einzigen Mann mit Hirn, Einsicht und Vernunft:
„Glaubst du, Lot, daß außer dir auch ein Gerechter ist in der Stadt . . .?"
Lot, wie alle ethisch angehauchten Idealisten, glaubte es. In dieser Beziehung war auch er saudumm.
„Ja!" sagte er.
„Dann zeig ihn mir!" sprach Gott.
Lot fand keinen einzigen und Gott ließ die Stadt in Flammen aufgehen.

„Dreh dich nicht um, Weib!" mahnte Lot seine Frau, „. . . Gott will nicht, daß je noch ein Menschenauge auf diesen Saustall blickt!"
Das klang nach Sensation. Einer solchen können saudumme Menschen nie widerstehen.
Lots Frau drehte sich um, gaffte und erstarrte.
Lot stapfte weiter und weiß bis heute nicht, was hinter ihm passiert ist.

Weil er ein Mann ist, der immer nach vorne blickt und nie zurück.
Es ist nicht *saudumm* und alles ist im Lot.

. . . ist wirklich alles im Lot?

Nachdenken über Lot, Sara, Saudumm und Gomorrha

Wer ist/war nun saudumm?
– Lot?
Weil er, wacker nach vorne blickend, nicht weiß, was passiert ist?
Weil er es bis heute nicht weiß?
Ein Idealist, ein Draufgänger? – Ein Gutgläubiger?

– oder Sara?
Sie weiß von dem Saustall der Menschheit, sie hat hingesehen (aus Neugierde und Forschungsdrang), aber sie weiß nichts von der vor ihr liegenden Zukunft, vom Gelobten Land.
Aber, . . . ist die Zukunft immer ein gelobtes Land?

Wir glauben, daß Lot der Gescheitere ist, weil er vorwärts-schaut. Was vergangen ist, ist vergangen.
Und seine süße Frau ist Salz. – Das spricht für sich. Salz allerdings konserviert, das ist das Gute: Sonst gäbe es die Schriftrollen der Ur-Schrift nicht.
Interessant: „*Salz*“ ist in der Ur-Schrift die Umschreibung für „*dumm*“, „*doof*“.

Dunkelhäutige Sklaven, sobald sie in der Schrift auftauchen, werden umschrieben mit:

„*Soizneger*“, natürlich nur, wenn sie dumm sind. In Bayern, übrigens, gibt es den Begriff noch heute.

„*... du Soizneger, du ...!*“,
oder aber:
„*... des hat si g'soizn ...!*“

Vielleicht waren das die letzten Gedanken der neugierigen Frau Lot, als sie nach dem sündigbrennenden Gomorrha zurücksah.

Moses

*„daherg'schwommen"**

Er war schon ein ganz besonderer, dieser Moses. Und: Allen Großen dieser Welt wird, – hinterher! –, eine *„besondere Kindheit"* nachgesagt. Denn Große sind schon dann groß, wenn sie noch klein sind.

Bei Moses war das, im großen und ganzen, nicht anders.
Es läßt sich, für den Ur-Schrift-Forscher, anhand des Moses-Stoffes, besonders anschaulich nachweisen wie aus einer lapidaren Bemerkung der Ur-Schrift, die das *„Ausgewählt-Sein"* des Moses betrifft . . ., eine bunte, anschauliche und phantasiereiche *„Kindheits"*-Geschichte gewoben ward.

Moses, durchaus *„von Familie"*, – er war nicht irgendwer.
Deshalb spricht die Ur-Schrift:
„. . . er war nicht auf der
*Brennsuppn ** daherg'schwommen . . ."*

Soweit, so gut.
Was machte die Text-Tradition daraus?

Sie nahm das „*daherg'schwommen*" und erfand den Rest:

Moses kam in einem ausgepichten Binsenkörbchen dahergeschwommen; direkt vor den Hof des Pharao.
Nun kann die Geschichte ihren Lauf nehmen.
Tut sie auch.

* dahergeschwommen
** Brennsuppe = geröstete Grießsuppe (heute immer noch bayer. Spezialität)

Die Plagen in Ägypten

*A Plag' is da des . . . !**

Der Pharao wollte das Volk der Israeliten nicht ziehen lassen. Dafür schikanierte er es um so mehr.
„Was wollt ihr denn in der Wüste?" fragte er den Moses,
„. . . wenn ihr es hier genauso schlecht habt?"
Das sah Moses nicht ein.
Er wollte weg.
Der Pharao wollte nicht.
Da kamen die Landplagen:

Das Wasser wurde zu Blut,
es folgten die Frosch-Plage
und die Schnaken-Plage;
die Fliegenschwärme kamen,
eine Viehseuche,
schwarze Blattern,
schließlich ein schweres Hagelwetter,
und dann die Heuschrecken,
jetzt eine schwere Finsternis . . .

. . . danach reichte es dem Pharao, – fürs erste –, und er ließ Moses und seine Mannen ziehen.
Das steht in allen Bibel-Ausgaben.

In der Ur-Schrift aber steht:
Dem Pharao reichte es, nach all dem, noch immer nicht. Erst, als Moses seinen Stab auf den Boden warf und ein Touristenstrom daraus er-

wuchs, – da geriet der Ägyptische Herrscher in Panik!

In der Bibel wurde der Touristenstrom dann mit „Schlange“ übersetzt, weil es eine lange Schlange von Urlaubern war, die über Ägypten herfiel.

Aus war es mit der Ruhe am Nil. Sogar die Krokodile stopften sich die Ohren zu. Die Ohren der Nilpferde verkümmerten, um den Krach nicht hören zu müssen und sind kleine Ohren-Stummel geblieben, bis heute.

Es war ein unglaublicher Radau.

„*A Plag' is da des...!*“ jammerte der Pharao.

Denn, all die Schrecknisse der Heuschreckenplage, des Fliegeneinfalles und der Schnaken –, sogar das Gequake der Milliarden Frösche –, hatte er schnell vergessen können.
Aber die Touristen aus Schweden, Deutschland, England, Holland! Dazu die Amerikaner!

All die Bierflaschen, Fotoapparate, der Geruch von Hamburgern, Ketchup! Dazu das Geschrei.

„Höre! Pharao!“ sagte Moses: „Diese Touristen werden dein Land heimsuchen, überfallen, verwüsten... bis ans Ende deiner Tage... bis du...“

Da warf sich der Pharao dem Moses zu Füßen und wimmerte: „Nein! Bitte, bitte nicht! Ich will alles, alles tun, was du von mir willst!“
„Du brauchst lediglich mich und mein Volk aus Ägypten wegziehen zu lassen!“ meinte Moses.
Der Pharao gewährte es und gab allen noch eine Brotzeit mit.

BY
SYLT
LONDON
Miami
RIO
PASING
I ♡ NY
BAHAMAS
ZÜRICH
TOKIO
HARTHOF
HAWAII
Paris
ROM
WIEN
St. Moritz
BONN
MADRID
eder

Da zogen die Touristen ab und warteten mit ihrer neuen Ankunft bis ins zwanzigste Jahrhundert nach Christi Geburt.

Nachdem aber die Touristenplage gebannt war und die Israeliten ihren Fortzug begonnen hatten, – da überlegte der Pharao es sich wieder anders.
So war der.

* Das ist eine Plage.

Der Durchzug durch das Rote Meer

„. . . *naß neigeh*“

Die Israeliten flohen, die Ägypter folgten ihnen. Denn der Pharao war wieder einmal „*umgefallen*“. Dann standen sie am Roten Meer. – Was tun?
Sie taten, was in so einem Falle zu tun ist: Sie warteten auf ein Wunder.*)
Es geschah.
Das Meer teilte sich; die Israeliten zogen durch. Sie taten aber noch mehr: Sie ließen ein Gerücht zurück, dort, wo das Meer begann.
Das Gerücht, sie seien unbehindert mitten durchs Meer durchgezogen!

Als die Ägypter mit Roß und Wagen an diesem Meer ankamen, fanden sie nichts vor, außer einem Gerücht.
Und sie hörten auf das Gerücht.
Sie glaubten dem Gerücht (alle Menschen auf der Welt glauben Gerüchten, auch dann, wenn an den Gerüchten nichts stimmt), und sie stürzten sich besinnungslos ins Wasser.

Was sie dort erfuhren, wissen wir nicht mehr, aber, so berichtet die Ur-Schrift, diesmal blieb das Wunder aus:

Es „*Ging ihnen . . . naß nei!*"

* Mit den „*Wundern*" ist es eine besondere Sache. Siehe dazu auch „*aus dem Neuen Testament*" und dort „*die Wunder Jesu*"!

Speisung in der Wüste

Essn für alle Manna . . . *

„*Leem und leem lassn*“, dieses Göttliche Gebot, – das später durch die Zehn Gebote ersetzt wurde –, sollten die Israeliten nun bald zu spüren bekommen.

Sie brachen vom Roten Meer auf und gelangten in eine große Wüste. Bald ging ihnen das Essen aus und auch das Trinken.

Sie wurden unzufrieden, wie alle Menschen, denen „etwas abgeht“, sie vergaßen sofort die Qualen und Demütigungen, die sie in Ägypten erlitten hatten.

Und sie ließen ihre Wut aus an Moses, den sie für alles verantwortlich machten.

„Weißt du nicht mehr, was der Pharao gesagt hat . . . ?“ schimpften sie ihren ratlosen Anführer, „. . . der Pharao hat gesagt: ‚. . . so schlecht wie bei mir, geht es euch auch anderswo. Warum also wollt ihr weg, wenn ihr es bei mir auch so schön schlecht habt?‘“

„Das ist dummes Gerede!“ wandte Moses ein, der klüger war als die gröhlende Masse, „. . . man muß immer einen neuen Aufbruch wagen, noch dazu, wenn man dabei Gottes Beistand hat. Was wollt ihr denn noch? Scheut ihr jedes Risiko? Habt ihr noch nicht genug gelitten unter dem Pharao?“

„Ja, schon . . .“, räumten sie ein, „. . . aber irgendwie war es schön, unter ihm zu leiden . . .“

„Was!“ Moses schnappte nach Luft.

„. . . doch, beim Pharao, da haben wir wenigstens gewußt, wie wir dran sind, und jetzt wissen wir nicht, wie wir dran sind . . . und, irgendwie, war der doch auch ganz nett, der Pharao, und oft, während wir ausgepeitscht wurden, haben seine Leute ein freundliches Wort für uns gefunden, . . . ach, waren das schöne und sichere Zeiten . . .“

Moses raufte sich die Haare.

„So sind die Menschen“, dachte er bitter, „sie sind beständig nur in diesen Eigenschaften: Trägheit, Faulheit, Antriebslosigkeit, Unzufriedenheit. Sonst ist keinerlei Verlaß auf sie. Unter Pharao klagten sie und wimmerten; – jetzt beklagen sie sich, weil ihr Quälgeist ihnen fehlt! Ihr jahrelanger strenger Peiniger, der ihnen nicht einmal das Existenzminium ließ!

Aber, diese Qual hatten sie sicher. Und Sicherheit scheint den Menschen über alles zu gehen . . .“

Moses lag auf dem Boden, zog sich an den Haaren und wollte mit seinem erleuchteten Geist begreifen, warum Menschen so sind.

Aber es gelang ihm nicht.

Denn Moses, der einsame Anführer, besaß Gottvertrauen, Pioniergeist, er wollte verbessern, hatte Ideen, er dachte positiv, schöpferisch und aufbauend.
Und er war intelligent.

Wie sollte er das Denken dieser mürrischen Volksmasse je begreifen?

„Lieber unter Pharao sicher leiden, als mit Moses in ein unsicheres verheißenes Land!“ so gröhlte es im Hintergrund.
Moses weinte bitterlich.

„Zum Haar-ausraffa . . .!“ schrie er.
So steht es in der Ur-Schrift.

Moses faßte seine Haare mit beiden Händen und zog so sehr daran, daß links und rechts über der Stirn zwei feste Büschel entstanden, die wie Hörner aussahen.*

Moses weinte und hörte nicht auf zu weinen.
„Mein Gott . . .!“ schluchzte er.
„Da bin ich!“ sagte Gott.
Und half ihm.

Wie schon so oft.

„Höre nur, wie unzufrieden sie sind . . .“, sagte Moses zum Lieben Gott, „. . . sie sehnen sich nach der Fronarbeit in Ägypten, einfach deshalb, weil sie daran gewöhnt sind . . .! „Der Mensch ist nun einmal ein Gewohnheitstier!“ belehrte der Schöpfer den ratlosen Moses, „außerdem haben sie Hunger und Durst. Aber: Glaube Du an mich! Ich werde Essen und Trinken beschaffen, für Dich und Deine Mannen.“

So geschah es.

eder

Am nächsten Morgen fanden sie die Wüste übersät –, mit Nahrung für die Mannen von Moses!

„A Essn für alle Manna hamma!" schrien sie.
So die Ur-Schrift.
Deshalb in allen Übersetzungen das Wort *„Manna"*. **

Sie gröhlten so vor befriedigter Eßgier, daß Moses mit seinem Stab an einen Felsen schlug, um Ruhe zu schaffen. Da quoll Wasser aus dem Felsen.
Nun hatten sie auch zu trinken.

Wenn sie satt waren, nahmen sie die Zustände hin, wenn sie Hunger und Durst bekamen, wurden sie mürrisch.
Doch der Herr half.
So ging es vierzig Tage weiter.

Moses dachte Tag und Nacht, – also vierzig Tage und vierzig Nächte –, darüber nach, warum Dumme so denken, wie sie denken.

Aber es gelang ihm nicht. Weil er nicht dumm genug war.
Er dachte und dachte, weil er Intelligenz besaß und denken konnte.

Deshalb kam er an kein Denkziel.

Er vergaß, daß das Denken der Dummen darin besteht, nicht zu denken, dabei aber zu denken, daß man denkt.

Eigentlich hätte er sich das denken können. Aber er dachte eben anders.
Armer Moses,
wer hätte das gedacht . . .!

* Deshalb wird Moses in fast allen Bibel-Illustrationen der Welt mit zwei Hörnern abgebildet.
Sogar Michelangelo mit seiner berühmten Moses-Figur im Vatikan hält sich an den Moses der Ur-Schrift.

** Hier liegt der Irrtum. Wir wissen, daß Manna eine fast ungenießbare Baumfrucht ist und das Volk der Israeliten nur noch unzufriedener gemacht hätte.
Wie tief solche Übersetzungsfehler gehen, das zeigt auch die bekannte Geschichte von „Aloisius im Himmel“, der auch instinktiv das „Manna“ ablehnte. Hätte er gewußt, daß es sich bei den Speisen vielleicht um Schweinshax'n, Rettiche oder ähnliches gehandelt hat, so wäre er sicher im Himmel geblieben und hätte der Bayerischen Regierung nicht bis heute das Alibi gegeben, daß sie noch auf eine göttliche Eingebung hoffen darf.

Schlacht gegen die Amalekiter

Moses war „... arm dro ...“

Die Israeliten mußten in der Wüste, die es nach dem Auszug aus Ägypten zu durchwandern galt, gegen die Amalekiter kämpfen.
Nicht einfach.

Amalek, der Amalekiterfürst, war kein Anfänger und die Amalekiter begannen, die Israeliten zu zerreiben.
Die herumgesprengten Krieger Israels schwitzten und riefen ihrem geistigen Führer Moses zu: „Das hast du nun davon ...!“
Da war Moses, der „Führer aus dem Ägypterland“, *„... arm dro“*.
So die Ur-Schrift wörtlich:

„... arm dro ...“

Was machten die Übersetzer!
Sie schnappten das Wort *„arm“* auf und machten einen *„Arm“* draus.
Und nun wollten sie wissen, was am Arm des Moses dro war.

Irgend etwas ist an allem dro, wenn auch die Herkunft dessen, an dem etwas *„dro“* sein soll, noch so sehr im Dunkeln liegen mag ...
Was also war dro an dem Eigenschaftswort *„arm“*, das zum stolzen Hauptwort *„der Arm“*, – beziehungsweise: *„die Arme“* (des Moses), wurde?

In der uns bekannten Bibel steht's:
Moses, dessen Schlachtreihen *„am Verlieren“* waren, mußte seine beiden Arme hochheben.
Immer dann, wenn er das tat, siegte sein Volk.
Ließ er aber die Arme sinken (was oft geschah), weil sie ihm einschliefen, dann wandelte sich das Kriegsgeschehen zugunsten der Amalekiter.

Also: Arme hoch, Moses!

Weil das kein Mensch, auch kein Moses, lange aushält, – laut Bibel dauerte der Kampf von frühmorgens bis spätabends –, stützte man die Arme des Moses ab.
Trotzdem mußte er sie ab und zu runterlassen, weil ihm alles so weh tat.
Und weil denen, die seine Arme stützten, selbst die Arme bald abfielen.
Und schon wieder wurden die Amalekiter frech!
Also, Arme hoch.
Einen Tag lang.
Und man siegte.
Aber die Arme . . . !
So gesehen, war Moses wirklich arm dro.

Die Zehn Gebote

*„Leem und leem lassen“**

Einer der wichtigsten Sätze unserer Ur-Schrift:
„Leem und leem lassn“.

Dieser Ur-Satz stand eingraviert auf der schweren marmorenen Tafel, die Gottvater dem Moses auf dem Berge Sinai überreichte.
Denn auch der Liebe Gott konnte das wichtigste, oberste Gesetz, die Richtschnur fürs Zusammenleben der Menschen, . . . nur auf Bayerisch formulieren:
„Leem und leem lassn“.

Moses, weil er den Sinn nicht verstand, aber zerschmetterte diese Tafel.
Da verstand auch Gott.
Er begriff das juristische Denken der Menschen, die Sucht nach zählbaren Gesetzen und Vorschriften, nach Auslegungen, Ausflüchten, Verdrehungen..., nach der paragraphentrunkenen Aufsplitterung der Göttlichen Weisheit
„Leem und leem lassn.“

Er formulierte statt dessen:
„Du sollst nicht töten, stehlen, lügen...“, und all die anderen Vorschriften, die doch für einen Menschen, der lebt „...und leem läßt...“ – selbstverständlich sind.
Und schrieb sie auf eine zweite Tafel.
Nun begriff es auch Moses, der zwar gescheit,

aber ein Mensch war.

Er brachte die neue Tafel mit den Zehn Geboten zu seinem Volk. Das Volk begreift es bis heute nicht.

Nur die Juristen begreifen, daß man mit der Atomisierung des obersten Gesetzes viel Geld verdienen kann.
Sie errichteten den Stand der Rechtsausleger und Gesetzeshüter, der davon lebt, daß er eine einfache Einsicht durch Aufblähung und Verzerrung uneinsehbar macht.

Und das alles, weil Moses die erste Tafel zerschlug.
„Leem und leem lassn".

Aber er hatte Recht. Seitdem gibt es wenigstens Gesetze. Die Lebensform *„Leem und leem lassn"* kommt ohne Gesetze aus und ist nichts für Menschen.

Sie ist von Gott, der das Paradies gewohnt war und der sich, durch die Auseinandersetzung mit Moses, langsam daran gewöhnte, wie wenig göttlich, das heißt, wie menschlich, – die Menschen sind!

* Leben und leben lassen

Das Goldene Kalb

Ja, ihr Rindviecher . . . !

Als Moses vom Berge Sinai herabstieg und guter Laune war, weil er sah, wie sehr sich Gott bemühte, auf die beschränkte Auffassungsgabe der Menschen einzugehen und sich ihnen trotzdem verständlich zu machen . . ., den Menschen, die das Gebot *„Leem und leem lassn"*, so, wie es da stand und formuliert war, nie kapieren würden . . .

. . . da traute er seinen Augen nicht:

Sie tanzten um ein goldenes Tier herum und dachten, dies sei ihr neuer Gott.

„Ja, ihr Rindviecher . . . !" schrie Moses, als er dieses sah.

So die Ur-Schrift.

Spätere Übersetzer und Übersetzungen machten aus *„Rindviecher"* ein Kalb, und später dann zu einem *„Goldenen Kalb"*.

Moses aber war langsam am Ende seiner Kraft und seines Glaubens. Wie sollte er diesen uneinsichtigen Dummköpfen je etwas beibringen?

Er stieg erneut auf den Berg hinauf zum Lieben Gott und beklagte sich bitterlich.

Doch der Liebe Gott, in göttlicher Einsicht und Weitsicht, der wußte schon alles! Er wußte sogar noch mehr:

*„Oiss bleibt beim oidn . . . !" * sagte er zu Moses.*

Dieser Satz kommt in der Ur-Schrift oft vor, weil er göttliche Weisheit beinhaltet.
„Wie meinst Du denn das, Du Lieber Gott ...?" fragte Moses.
„Schau" –, sagte der Liebe Gott, „... Dein Volk wird nie etwas kapieren, wenn Du nicht schlau genug bist, sie etwas kapieren zu lassen, ohne daß sie es merken, daß sie etwas kapieren ..., kapiert?"

„Wie bitte?" staunte Moses.
„Schau: Sie würden die Gesetze keine Sekunde befolgen, wenn du ihnen nicht sagen würdest, die Gesetze seien von mir! – Vor mir haben sie Respekt, und das auch nur, solange sie mich brauchen ...", Gottvater lächelte, „... oder ich mich ihnen donnernd bemerkbar mache."
„Unglaublich" –, sagte Moses.
„Jetzt warst du zu lange beim mir heroben am Sinai, – und schon haben sie uns beide vergessen und tanzen um den goldenen Götzen herum, ... aber, es wird immer so sein, Moses, denn:
„Oiss bleibt beim oidn!"
Moses seufzte. Und schüttelte den Kopf.
Der Liebe Gott seufzte auch. Und nickte mit dem Kopf.

„Ich will dich etwas sehen lassen", sagte der Liebe Gott dann.
Und Moses sah die Zukunft.

Er sah den Erdenlauf, den Lauf der Menschheitsgeschichte aller Zeiten.
Und er sah, daß die Menschen zu allen Zeitaltern unvernünftig blieben und Götzen nachliefen.

Moses sah Prediger, Gurus, Sekten, Fanatiker aller Schattierungen, er sah Politiker, Funktionäre, Stars, Parties.
Es sah Massenunterhaltung, Wohlstand, Luxus, Autos, Industrieanlagen, Gold und Geld, viel, viel Geld...
„Was ist das?“ fragte er.
„Das sind die goldenen Götzen der Zukunft!“ erklärte Gottvater. Er zeigte Moses noch mehr:
„Siehst du diese Kästen da mit den beweglichen Bildern? Man wird sie *„Fernseher“* oder *„Videoanlage“* nennen und das Volk wird alltäglich mehrere Stunden davorsitzen, um diese Kästen anzubeten!“
„Nein“, sagte Moses entschieden, „... das glaube ich nicht!“
„Doch“, sagte Gottvater traurig.

* Alles bleibt beim Alten

Die Trompeten von Jericho

*„Mia foit nix ei . . . !**

So steht es geschrieben in der Bibel, die wir kennen:

> „Da sprach Gott zu Josue: ‚Gehet, alle ihr Kriegsleute, täglich einmal um die Stadt, sechs Tage lang; am siebenten Tage aber sollt ihr siebenmal um die Stadt gehen. Die Priester sollen vor der Bundeslade herziehen und mit Posaunen blasen und das ganze Volk soll ein großes Geschrei erheben.'
> Es geschah. Und siehe, am siebenten Tage, als die Posaunen erklangen und das Volk ein großes Geschrei erhob, stürzten die Mauern von Jericho zusammen und die Israeliten konnten leicht in die Stadt eindringen."

Wir fragen uns:
Wie war das möglich? Vom Außen-herum-Ziehen fallen keine Mauern ein und schon gar nicht die von Jericho.

Im Gegenteil:
Die Mauern von Jericho waren fester gebaut als die festesten Mauern des gesamten damaligen Erdkreises.
Da wir *„zu den Quellen"* vorstoßen wollen und nichts unerforscht lassen, was erforschbar ist, lesen wir nach, was in der Ur-Schrift steht:

„Josue zog täglich einmal um die Stadt und hatte keinen Einfall, sechs Tage lang (und immer noch keinen Einfall); am siebenten Tage aber zog er siebenmal herum und es fiel ihm siebenmal nichts ein, wie die Stadt eingenommen werden könnte ...“

Kein Einfall, Josue!
Da posaunte er es hinaus:
„... *Mia foit nix ei ...!*“
und das Volk erhob ein großes Geschrei, weil kein Einfall da war.

Spätere Übersetzer machten aus dem fehlenden Einfall, also der fehlenden Idee, einen Einfall der Mauern von Jericho. Und aus dem Hinausposaunen des fehlenden Einfalls einen Posaunenschall.

Aber die Mauern von Jericho hatten sicherlich keinen Einfall, was hätte einer Mauer schon einfallen können, es ist bisher noch nie einer Mauer etwas eingefallen. Es sei denn, die Mauer gehört zu einem alten Haus –, sagt doch schon der Volksmund:
„... der hat Einfälle wie ein altes Haus ...“
Josue jedenfalls, der hatte auch am siebenten Tage keinen Einfall, und der Mauer von Jericho fiel es noch weniger ein, einzufallen.

Wie sie dann in die Stadt gelangten, das steht leider nicht im Text.
Vielleicht durch die Tür.
Wäre kein schlechter Einfall.

* Mir fällt nichts ein.

** Wie fatal dieser Übersetzungsfehler ist, zeigt das Beispiel der Berliner Mauer.
Durch großes Geschrei fallen halt keine Mauern ein – auch die Berliner Mauer nicht. Ein Einfall jedoch könnte sie zum Einsturz bringen – aber dazu muß man miteinander reden und nicht schreien.
Vielleicht wäre das ein guter Einfall für unsere Politiker.

Samson und Delila

„A Mordstrumm Kerl echt stark . . . !“

> . . . Gedeon war lange Zeit Richter in Israel. Nach seinem Tode fielen die Israeliten aber wieder von Gott ab und dienten dem Baal, dem Hauptgötzen der Kanaaniter . . .

. . . es ist, es war –, immer dasselbe:
Die Leute kapieren nichts.

Obwohl der Liebe Gott ihnen nun schon so oft geholfen hatte, blieben sie undankbar, trotzig und dem publicity-wirksamen Fruchtbarkeitsgötzen Baal zugeneigt.
Genauso, wie es sich zu Moses' Zeiten zugetragen hatte.
Moses, der Seher, der war zwar inzwischen längst tot, aber, seit seinen Tagen hatte sich nichts, aber auch gar nichts, geändert.
Wie auch.
Die Menschen blieben schwer von Begriff. Und die wenigen, denen Einsicht beschieden war, konnten sich gegen die Wogen von Borniertheit und Blindheit nur schwerlich durchsetzen.

Wer dumm ist, wird beherrscht.
Wieder einmal fiel das Volk, durch Uneinigkeit im Glauben und Handeln schwach geworden –, den Philistern in die Hände.
Vierzig Jahre lang.

Die Philister waren damals noch nicht nach Bayern ausgewandert.

Dann kam ein ganz ein Besonderer.
Ein Retter.
Samson hieß er.
Er war der erste Body-Builder der Welt, besaß einen traumhaften Körper, den er beständig einölte. Er lebte gesund, trank (so berichtet die Bibel), *„keinen Wein“* und hatte, wegen seiner gesunden Lebensweise, eine Mordskraft.

Aber: Er war keine besondere Leuchte.
Und er war eitel und geschwätzig wie ein Weib.
Deshalb trug er auch die Haare so lang wie ein Weib.

Da er aber, wegen seines perfekten Body-Builder-Körpers, ein *„Bild für Götter“* abgab, hatten alle Angst vor ihm.
Vor allem die Philister.
Denn, so steht er in der Ur-Schrift beschrieben:
„A Mordstrumm Kerl ... war er.“

Da blieb es nicht lange aus, daß sich Sagen um den Mordstrummkerl zu ranken begannen.
Geschichten von Heldentaten, die uns viele Rätsel aufgeben. Aber die Ur-Schrift hilft uns, diese Rätsel zu lösen!
So findet sich in unserem Ur-Schrift-Text folgende Passage:

> „Einmal geriet Samson unter
> tausend Philister.
> Was machte er?
> Er kratzte sich am Kinnbacken.
> Der Esel ...“

Daraus wurde in späteren Übersetzungen:

„... er ergriff einen Eselskinnbacken
und erschlug ...“

Später lernte er eine Friseuse kennen, eine Ausländerin noch dazu (die Bibel nennt so was immer *„Heidin“*) –, die hieß *„Delila“* und sah blendend aus.
So blendend, daß später daraus wurde, *„... er sei geblendet worden ...“*.

Und das geschah so:
Samson, der Kraftmeier, wurde bei Delila schwach. Und, da er geschwätzig war, erzählte er ihr von seiner übertriebenen Körperpflege. Er gestand auch, daß er für sein Leben gern zum Haarschneider ging und vor allem Föhnfrisuren liebte. Also gut. Sie lud ihn in ihren *„Salon Delila“* ein und schnitt ihm die Haare.
Das war alles.

Daraus wurde in den Übersetzungen aus der Ur-Schrift folgende Geschichte:

Sie hätte ihm, in gemeiner Absicht und mit List, die Haare abgeschnitten, er sei schwach geworden (stimmt sogar!), darauf hätte man ihn gefangen und ihm die Augen ausgestochen ...

In Wirklichkeit, also in der Ur-Schrift, war das so:
Sie schnitt ihm, auf seinen eitlen Wunsch hin, die Haare, er wurde schwach, sah immer und immer wieder in den Spiegel und rief:
„Echt stark! – Das sticht ins Auge, das sieht blendend aus ...!“

ECHT STARK!

Aus diesem „*... ins Auge stechen*“ und aus diesem „*blendend...!*“ wurde dann das unmenschliche Augenausstechen, also „*Blenden*“.

Irgenwie stimmt es schon.
Samson war blind.
Aber gesehen hat er ganz gut.
Und immer nur das eine. *

* Später heiratete er seine Delila, da sie ein Kind von ihm bekam. Er richtete ihr einen tollen Friseursalon ein, in dem sich Israeliten und Philister gerne die Haare schneiden ließen. So die Ur-Schrift. Darauf soll an dieser Stelle aber nicht näher eingeganen werden, weil es für die Seriösität der Handlung ohne Belang ist.

Das Saitenspiel des jungen David

„. . . andere Seiten aufziang . . .“

Der König Saul war schwermütig.
So die Bibel.
Seine Seele verdunkelte sich und er spielte lustlos an seiner Krone und an seinem Zepter herum. Später wollte er überhaupt nicht mehr spielen.

Er bestellte einen Psychiater nach dem anderen, aber, da diese, so wie alle Psychiater zu allen Zeiten, selber einen Psychiater gebraucht hätten, der ihnen aber auch nicht hätte helfen können, weil dieser Psychiater des Psychiaters, so wie alle Psychiater zu allen Zeiten, selber einen Psychiater gebraucht hätte usw.

. . . also, der König Saul spann immer mehr und verlor schließlich jede Lust, mit seiner Krone zu spielen.
Man versuchte alles.

Schließlich –, der junge David, der schaffte es: „Sei nicht so traurig, Saul!“ sagte David, das Leben hat auch andere Seiten, komm, spiel wieder mit deiner Krone . . .“

Aus diesem Originalzitat der Ur-Schrift griffen die Übersetzer die Worte *„Seiten“* und *„. . . spiel . . .“* – und machten daraus ein *„Seitenspiel“* mit *„a-i“*;

also ein *„Saitenspiel“*.
Deshalb steht in unseren Bibeln, daß David mit (s)einem Saitenspiel (kann damals nur eine Harfe gewesen sein!), den König erfreute und ihm die Schwermut nahm.
Bald lachte er wieder, der traurige König Saul.
Da waren alle froh.

So haben auch Übersetzungsfehler ihre schönen Se(a)iten . . .
Aber:
David konnte noch ganz andere Saiten *„aufziang“*, wie die nun folgende Goliath-Geschichte beweist.

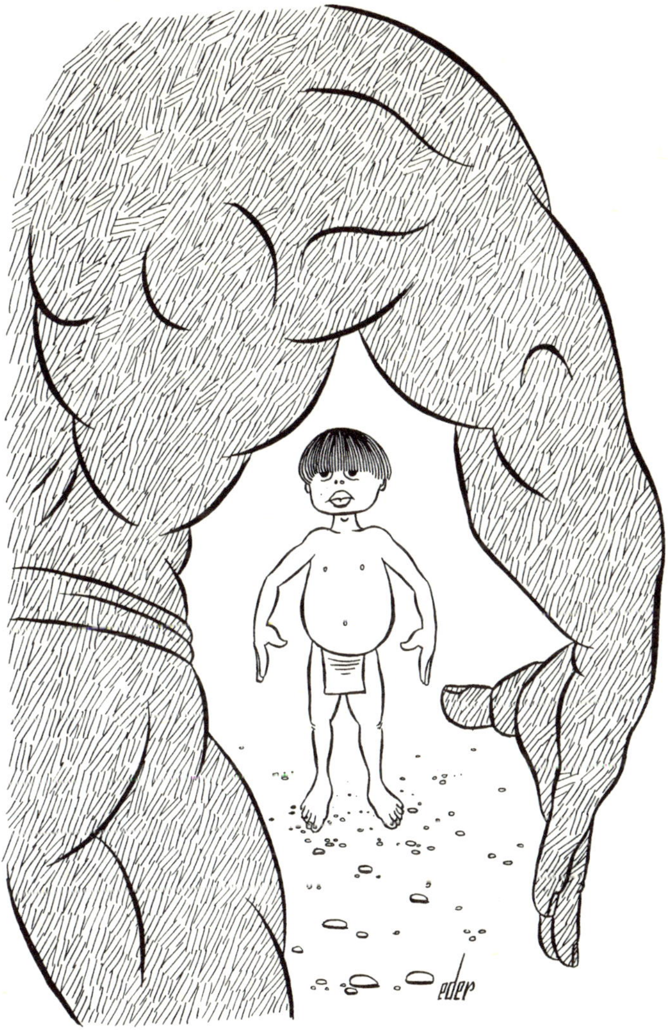
eder

David und Goliath

*„In's Schleudern kemma"**

David brachte jeden Tag den Israeliten die Brotzeit. Das war notwendig, denn die Israeliten ärgerten sich von morgens früh bis spät am Abend über die Philister. Mittags bekamen sie dann, vom vielen Ärgern, einen gesunden Appetit.

Als David ankam und seinen Brüdern den Topf mit der Brotzeit überreichte –, da sah und hörte er den Grund für die Mißstimmung:

Er sah ein Tal.

Auf der einen Seite des Tales, der „herüberen", dort, wo auch er sich befand, da standen die Israeliten und taten nichts –, außer sich ärgern! –; auf der anderen Seite, der *„drüberen"*, also auf der gegenüberliegenden Anhöhe . . ., da standen die Philister.
Die ärgerten sich nicht.
Die freuten sich, weil die Israeliten sich ärgerten.

Worüber ärgerten sich die Israeliten so sehr?
„Er stank ihnen . . ." über sich selbst, weil sie vor den Philistern Angst hatten.

Das freute die Philister außerordentlich. Sie höhnten, grinsten und zahnten von der Anhöhe herüber.

Ein Mordstrumm Kerl trat aus ihren Reihen, brüllte seinen Namen:

„Goliath!“

… und nannte die Israeliten *„Schisser“.*

„Das macht der jeden Tag so!“ ärgerten sie sich weiter.

„Warum tut ihr nichts?“ fragte David.

„Wir trauen uns nicht …“

David traute sich und ging hin.

Er hatte keine Chance.

Der Philister spielte mit ihm Katz und Maus.

David kam ganz schön ins Schleudern.

So steht es in der Ur-Schrift:

„… ins Schleudern …“

Daraus wurde in späteren Übersetzungen eine Schleuder.

„Des hoitst im Kopf drin ned aus!“ brüllte Goliath vor Lachen.

So die Ur-Schrift.

Aus diesem *„im-Kopf-ned-aushaltn“* bastelten die nachfolgenden Übersetzer die Tatsache, daß mit Goliaths Kopf etwas nicht in Ordnung war.

Und da sie von einem *„Schleudern“* des David zu wissen glaubten, und, da sie folglich von einer *„Schleuder“* genausoviel zu wissen glaubten …, was lag näher, als dieser Schluß:

Goliath wurde von einer Schleuder, also einem Geschoß, am Kopf getroffen, und zwar so, daß er es nicht aushielt.

Im Kopf.

Das heißt: Daß er tot war.

Genauso war's –, eben nicht!

Wir Ur-Schrift-Leser wissen halt mehr.

Goliath gratulierte David für seine Tapferkeit. Und die Philister zogen ab. Weil sie nun Respekt hatten. Die Israeliten mußten sich nicht mehr ärgern. Jedenfalls nicht über die Philister.

Goliath lebte noch viele glückliche Jahre und erzählte gerne die Geschichte von dem jungen Spund David, der so tapfer war, der sich gegen ihn, den Riesen Goliath, soviel getraut hatte; der aber –, ganz schön „. . . *ins Schleudern* . . .“ geraten war!

* Ins Schleudern kommen.

David und Bathseba

„Buidsauber" *

Eines hätte David nicht tun sollen:
Die Ehe brechen! Und das kam so:
David stand auf dem Dach seines Königspalastes und blickte auf die anderen Dächer hinab.
Man muß dazu wissen, daß die Flachdächer und Dachterrassen in dieser Gegend es erlaubten –, daß einer dem anderen aufs Dach schaute.

Und David, als König, der hatte das höchstgelegene Dach. Weil ein Palast immer *„höchstgelegen"* ist und alles andere überragt.
Was den königlichen Bewohnern solcher Paläste zu allen Zeiten der Weltgeschichte ebenfalls höchst gelegen kommt.

Nun stand er also da oben, der König und blickte hinab. Er dachte an nichts Bestimmtes und schaute und schaute und...
...was nun geschah, berichtet die Ur-Schrift:

> „David sah eine junge Frau, wurde ganz narrisch und rief:
> *‚A buidsaubers Madl!'"*

Der Rest ist schnell erzählt.
Er ließ sie holen, schlief mit ihr, sie wurde schwanger und bekam einen Sohn. Salomon übrigens.
Das Schlimme ist nur:
Sie war verheiratet.

Ihr Mann hieß Uria und arbeitete als Feldherr in Davids Streitmacht.

Wegen Uria erfand David das sogenannte und seitdem in solcherlei Situationen beliebte *„Wegbefördern":*

Er ließ den braven Feldherrn in einer Schlacht gegen die Ammoniter in die erste Reihe stellen.
Und allein.
Uria wurde dadurch ein Held.
Aber er hatte nichts davon. Weil er tot war.

Der perfekte Mord. Aber Gottvater merkte und wußte es.
Er sieht alles.

Und so berichtet die uns bekannte Bibel:

> „Aber dem Herrn mißfiel die Tat,
> die David getan hatte."
> (2 Sam. 11, 27)

– Über den Fortgang des Geschehens (und die Konsequenzen!) findet sich in der –, bis jetzt restaurierten Ur-Schrift –, nichts. Wir werden an dem Material weiterarbeiten und weitersuchen.

Inzwischen wollen wir uns ansehen, was die Übersetzer aus der ur-biblischen Formulierung *„a buidsaubers Madl"* machten:

> „Und es begab sich, daß David um den
> Abend aufstand von seinem Lager und
> sich auf dem Dach des Königshauses erging;
> da sah er vom Dach aus eine Frau sich
> waschen; und die Frau war von sehr
> schöner Gestalt. Und David sandte hin und
> ließ nach der Frau fragen (...)

Und als sie zum ihm kam, wohnte sie
ihm bei . . ."   (2 Sam. 11, 2 – 4)

Das buidsaubere Madl wurde eine Frau, die sich wusch. Von ihrer „*Unreinheit*", wie die Bibel sich ausdrückt.

Klar:
Wer *buidsauber* ist, der muß sich erst mal waschen.
Eine Erkenntnis unserer Ur-Schrift, die sich gewaschen hat.

* bildschön

Absalom

*„Hängableim“ **

Absalom, der Sohn Davids, war der schönste Mann in Israel. Von der Fußsohle bis zum Scheitel war kein Fehl an ihm. Aber er hatte ein stolzes und undankbares Herz. Er wollte statt seines Vaters, der ihn so zärtlich liebte, König in Israel werden.
Mit Wagen und Reitern durchzog er das ganze Land, schmeichelte dem Volke auf alle Weise . . .

. . . so steht's in der Bibel.
Natürlich geht es mit einem Kerl wie Absalom nie gut aus.
Noch dazu war er saudumm.
Er trug viel zu lange Haare und nichts blieb in seinem Spatzenhirn hängen.
Nur einmal.
Da ritt er, in vollem Galopp, unter dem schweren Ast einer Eiche hindurch und knallte mit dem Kopf dagegen. Sterbend, und durch den wuchtigen Schlag für eine Sekunde zu Intelligenz gelangt, fiel ihm ein, was sein Vater schon immer gesagt hatte:

> „Buchen sollst du suchen –, Eichen sollst du weichen . . .!“
> In der Ur-Schrift steht:
> „Dieser fundamentale Satz blieb also in Absaloms Hirn hängen.“

eder

Doch –, zu spät!
Absalom, der Eichen lieber hätte ausweichen sollen, er verschied mit einer weichen Birne im Gras.

Aus der Formulierung „... im Gedächtnis hängenbleiben ...“ unserer Ur-Schrift, machten die Übersetzer ein „*Hängenbleiben*“ des Absalom.

> Er blieb mit seinen Haaren am Baum hängen
> und wurde mit Spießen durchbohrt ...
> ... schrieben sie.

Jeder findet irgendeinen Aufhänger, wenn er lange genug bohrt.

* Hängenbleiben

Salomon

„mach koane Sprüch' ned"

Salomon war sehr weise.
Das zeigte sich bei ihm schon in der Schule. Er versprach sich nie.
Deshalb sagte sein Vater David: „Wir wollen den Buben Jura studieren lassen, denn er kann sich gar so gut ausdrücken!"

Gesagt, getan.
Er machte sein Examen und erlangte als Jurist mit Auszeichnungen großes Ansehen und übte sein geöltes und geschliffenes Mundwerk, wo er konnte.

Reden konnte der..., daß einem schwindlig davon werden mußte! – Die Ur-Schrift zitiert so einen Spruch. Die vorgegebene Situation war folgende:
Zwei Kontrahenten standen vor Salomons Richterstuhl und trugen erhitzt ihre völlig verschiedenen Standpunkte vor.
Der König erhob sich und sprach:
*„Ko scho so sei, ko awa r aa ned so sei..."**

Darauf setzte er sich wieder hin.
Da fielen alle Umherstehenden vor ihm nieder und riefen:
„Heil Salomo! Solche Sprüche liefert sonst keiner!"
Deshalb sprechen spätere Übersetzer der Ur-

Schrift von „*Salomonischen Sprüchen*".
Oder den „*Sprüchen Salomons*". –

Die Kontrahenten, die damals vor ihm standen und den Satz „*Ko scho so sei, ko awa r aa ned so sei...*" vernommen hatten, die waren allerdings nicht ganz zufrieden. Sie wurden sich nicht einig, *was* so sei kannt, und *was* nicht. Hinter dem Palast fingen sie zu raufen an und verprügelten sich bitterlich.

Als Salomon dieses zu Ohren kam, erhob er sich wieder und sprach:

„*Sachen gibt's...*"

Und das Volk rief:

„Unser König ist der King! So etwas Gescheites!"

Salomon wurde immer weiser. Einmal bemerkte er:

„*Kinder, Kinder, Recht ist teils so, teils so... eine zweischneidige Sache...*"

Aus „*Kinder*", „*teils*" und „*zweischneidige Sache*", wurde, durch fehlerhafte Übersetzung, dies:

Er, Salomon, hätte Kinder geteilt, mit einer zweischneidigen Sache, also einem Schwert.

Sozusagen als Mutterschaftstest.

Aber so grausam war der nicht.

Er klopfte lieber Sprüche.

Salomonische.

* Kann schon sein, kann aber auch nicht so sein.

Propheten, richtige und andere

Einfach zum Nachdenken:

Propheten

*„wos Du ned sogst . . . !“**

Propheten haben alle eines gemeinsam:
Man glaubt ihnen nichts.
Das gehört einfach dazu, zu einem ordentlichen Propheten, daß kein Mensch ihm etwas glaubt!

Denn ein Prophet ist einer, der etwas behauptet, das in der Zukunft liegt . . . und damit unbeweisbar ist. Es bedeutet geradezu eine Referenz für einen seriösen Propheten, daß er Dinge von sich gibt, die nicht zu glauben sind.

Un-glaubliche Sachen, also.

Propheten haben zumeist etwas Tragisches an sich. Niemand will Prophet werden.
Prophet-Sein ist eine Berufung.

Im Verständnis der Bibel sind die Propheten „Sprachwerkzeug Gottes“.
Die Mitmenschen sehen und sahen das nicht immer so. –

Propheten gibt und gab es zu allen Zeiten.
Die Menschen betrachten sie schlichtweg als Spinner und hören nicht auf ihre Worte.
Deshalb sind Propheten oft sehr einsam, schon von der Veranlagung her.

Sie reden viel, aber zumeist sind sie *„den Menschen“* unbequem.

Was will man auch erwarten von *„den Menschen“ . . .?*

In unseren heutigen Großstädten wimmelt es von Propheten, die, mit eng zusammengewachsenen Augen, herumstehen und brüllen –, daß alle auf dem falschen Weg sind.
Propheten haben ein Lieblingswort:

„Umkehr.“

Eine Umkehrung des Wertes eines Propheten würde es tatsächlich bedeuten, wenn ihm alle glauben würden.

Ein Prophet braucht, so wie andere Lebewesen, Wasser und Brot, das Gefühl, daß keiner seine Wahrheit glaubt.

Propheten sprechen immer die Wahrheit.
Deshalb gibt es so viele Wahrheiten.

Einem Propheten soll es einmal passiert sein, daß alle Umstehenden sagten:

„Recht hat er! Wir glauben ihm!“

Dieser Prophet nahm sich augenblicklich das Leben. Er wußte, daß er etwas falsch gemacht hatte.

Die Zeit der großen Propheten –, sie ist lange her –, bedeutet nicht nur in Israel, sondern in der gesamten Menschheit einen „geistigen Frühling“.

In China wirkten Lao-tse und Konfuzius. Vertiefte sich der eine in den Ur-Grund des Seins (was immer das sein mag), so pflegte und bewahrte der andere die fromme Sitte und das Brauchtum seines Volkes.

In Indien erblühte die Religionsphilosophie des Brahmanismus bis hin zur Lehre des Buddha, der von der Entsagung und dem Mitleid lehrte.

In Griechenland, wo es schön warm war, da wirkten die großen Naturphilosophen und setzten an die Stelle der mythischen, an Träume erinnernden Vorstellungen der Vorzeit, die Klarheit des Gedankens.

Unsere Ur-Schrift –, das heißt, der bis jetzt restaurierte Teil! –, berichtet nichts von den alt-testamentarischen Propheten.
Aber: Die Ur-Schrift bringt eine Prophetie über Propheten:

> „Es werden Tage über Euch kommen ...",
> so steht es da geschrieben, „... da werden
> Menschen in den Fußgängerzonen stehen/
> und sie werden Euch predigen/ und Ihr
> werdet sie Spinner heißen/ zu den
> Spinnern hingehen und sagen:
> ‚wos Du ned sogst'. . . *

* Was Du nicht sagst

Klagepropheten

„O meiomeiomeiomeiomei"

In der Ur-Schrift findet sich ein Original-Zitat von einem –, leider nicht namentlich bekannten – , Klagepropheten.
Der Text lautet:

„O meiomeiomeiomeiomei . . ."

Mehr ist nicht überliefert.
Wir erfahren nur, der Prophet hätte, von früh bis spät, diesen Klagegesang von sich gegeben. Und sei darüber gestorben.

Spätere Übersetzer durften dann, aufgrund der Knappheit der Vorlage, ihrer Phantasie freien Lauf lassen. Leider wissen wir nicht mehr.
Oh, mei. *

* Wahrscheinlich war dies der „*Jammer*"-Prophet Jeremias, der die Zerstörung Jerusalems durch den babylonischen König Nabuchodonosor (Nebukadnezar) beklagt: *„o, mei Jerusalem, o, mei, o mei . . .!"*

Elias, der Prophet

„gäh zua . . .“ –; „auf-’regen’“

Unter den Propheten, die im Reiche Israel wirkten, ragte einer besonders hervor:
Elias.
Ihn sandte Gottvater zu Achab.

Achab war einer der schlimmsten Könige Israels. Er nahm sich die heidnische Königstocher Jezebel aus Sidon zur Frau und er verehrte den Götzen Bal, dem er auch einen Tempel baute.

Gott sei Dank, gibt es Propheten, die das in solchen Situationen sagen, was zu sagen ist.
Und zu sagen ist in solchen Situationen nur eins:
„So geht’s nicht!“

Der Prophet Elias stand vor Achab und sprach:
„Höre, König und Götzendiener! Was Du tust und treibst, das regt mich auf . . .!“

Achab, ein recht selbstsicherer Mensch, dem man durchaus einmal die Meinung sagen durfte (wenn diese Meinung seiner eigenen Meinung exakt entsprach!), der erwiderte kühl:
„Prophet, gäh zua –, das braucht Dich doch nicht auf-zu-regen . . .!“

So und nicht anders, steht’s also in der Ur-Schrift geschrieben:

„gäh zua“ und „[auf]-regen“.

Was machten die Übersetzer daraus?

Daß Elias das *„gäh zua“* zu wörtlich nahm. Und ging.
Und aus *„[auf]-regen“* wurde ein wirklicher *„Regen“*.
Das heißt, es wurde kein Regen daraus; oder vielmehr, ein Regen, der nicht regnen wollte.
Also eine Dürre.
So steht's dann in der uns bekannten Bibel.
Elias sprach zu Achab:

> „So wahr der Herr, der Gott Israels, lebt, vor dem ich stehe, in diesen Jahren soll weder Regen noch Tau fallen, bis ich es sage ...“

Worauf Achab, dem der Humor vergangen war –, den Elias umbringen wollte. Aber der Herr sprach zu Elias:

> „Geh weg von hier (= gäh zua!) und verbirg Dich am Bache Karith ...“

Elias „ging zua“, und es kam die große Dürre, er aber trank aus dem Bach und ließ sich von einem Raben ernähren. Die anderen hatten Durst.
Aber Elias genoß frisches Wasser und der Rabe brachte ihm täglich die Brotzeit. Später kam sogar noch eine Witwe dazu, die dem Propheten Brot zubereitete.

Leider steht weder in der Bibel noch in der Ur-Schrift, wie alt diese Witwe war und wie sie aussah.
Er- regen-d, oder nicht?
Vielleicht mußte sich Elias wieder mal auf-regen.
Und abregen.
Einen Platzregen hatte er ja schon.

Jonas

*„I mog ned!"**

„I mog ned!" sagte Jonas.
„Doch!" sagte der Herr.
„Naa. I mog ned!" maulte Jonas.
„Doch!" sagte der Herr.
So ging es eine Weile zwischen den beiden hin und her.
Dann wurde der Herr ungeduldig:
„Wirst du jetzt nach Ninive gehen, Jonas, und predigen oder nicht!"
„Scho...!" brummelte Jonas und dachte nicht daran.

Er bestieg ein Schiff, das nach Spanien abfuhr und wollte Urlaub machen.
Da kam ein Sturm auf. Und was für einer!
Die Seeleute bekamen Angst und schoben die mißliche Situation auf Jonas, den Dauergrantler.
„Spring über Bord!" forderten sie.
„I mod ned...!"
„Spring!"
„Wenn i ned mog!"

Die Ur-Schrift erzählt uns also, daß *„I mog ned...!"* der Standardsatz von Jonas gewesen sein muß.
Weil er den ganzen Tag über schlechte Laune hatte und grantelte.

Da warfen die Seeleute den Griesgram über Bord.

eder

Kam ein Walfisch dahergeschwommen und sagte:
„Gestatten: Walfisch ...“
„Ein Wal ist kein Fisch!“ korrigierte Jonas.
„So ...?“
„So.“
„Trotzdem werde ich dich fressen, du Siebengescheiter!“
„I mog ned!“ sagte Jonas.
„Doch,“ sagte der Fisch. Der Wal. Der Walfisch.
„Laß ma mei Ruah!“ schimpfte Jonas und der Walfisch fraß ihn.

Aber der Dauergrantler drückte den armen Wal schwer im Magen.
Das Tier bekam Sodbrennen. Nach drei Tagen und drei Nächten wurde es ihm schlecht.
„Dieser Jonas ist nicht Fisch und nicht Fleisch!“ dachte das Tier der Tiefe und spie ihn aus.
Zum Glück in der Nähe des Ufers.
Jonas schimpfte und krabbelte an Land.

Das geschah an einem Aschermittwoch.

Seit diesem Tage fressen die Wale keine Menschen mehr und die Menschen, wenigstens an gewissen Tagen –, essen besonders gerne Fisch.
Obwohl der Walfisch kein Fisch ist.

Beide, Fisch und Mensch, tun dies als ein Zeichen gegenseitigen Respekts. Da sieht man, wie unterschiedlich Respekt gedeutet werden kann.

* Ich will nicht.

Die drei Jünglinge im Feuerofen

*„Wia hoaß-t denn Du . . . ?“**

Nabuchodonosor war ein Götzendiener, König und Tyrann.

Er ließ eine große Bildsäule von Gold machen und sie mitten auf einem ebenen Platze aufstellen. Zu ihrer Einweihung mußten alle Vornehmen des ganzen Reiches erscheinen. Ein Herold rief mit lauter Stimme: „Sobald ihr den Schall der Trompeten höret, so fallet nieder und betet die Bildsäule an! Wer es nicht tut, der soll augenblicklich in einen brennenden Feuerofen geworfen werden.“ Auf den Schall der Trompeten fiel nun alles nieder und betete an, ausgenommen Ananias, Misael und Azarias.

So steht es in der bekannten Bibel. Das ist nicht alles. Wie kam es zu dem Vorfall mit dem „Feuerofen?“ Die Ur-Schrift berichtet über diese Episode:

> „Die drei Jünglinge standen immer noch da;
> während die anderen darniederknieten.
> Da herrschte der König einen
> von ihnen an:
> *‚Wia hoaß-t denn Du!’“*

Das *„hoaß-t“* wurde zu *„hoaß“* verkürzt und dieses bayerische Wort *„heißt“* zugleich *„heiß“!*

Was „*heiß*“ ist, muß brennen, dachten die Übersetzer.
Und was brennt?
Ein Ofen, natürlich.

Also warfen die Übersetzer [nicht der babylonische König] die Jünglinge in den Ofen. Eine heiße Sache.
Passiert ist ihnen nichts [siehe Fortgang in der Bibel, der späteren Übersetzung also], denn sie glaubten.
Und so stimmt die Sache dann wieder. Wer glaubt, dem passiert nichts.

Kaum zu glauben.

* Wie heißt denn Du?

Susanna im Bade

*„Des mächt i ned ausbodn ...“**

In Babylon lebte ein Mann namens Joakim. Seine Frau hieß Susanna.
Sie sah so gut aus, daß es einem schwindlig werden konnte.

Nicht nur das: Sie war zudem ein durchtriebenes Weib, das nicht mit ihren weiblichen Reizen geizte; sie genoß das Gefühl, auch von anderen Männern, als von ihrem angetrauten Joakim ..., begehrt zu werden. Jedem Mann, der daherkam, dem warf sie einen lockenden Blick zu. Jedem, aber wirklich jedem, machte sie Hoffnung.
Hoffnung auf alles.

Aber dabei blieb es dann auch, sie erfüllte solche Hoffnungen nie, genauso wenig, wie sie die Hoffnungen ihres Mannes erfüllte.

Susanna gehörte zu jenem Frauentyp, der zwar interessant wirkt (und dieses Image tunlichst pflegt!) –, aber nichts „hergibt“!

Ihr Mann Joakim quälte sich vor Eifersucht, denn er dachte, fremde Mannsbilder bekämen von Susanna die Gunst, auf die er verzichten mußte.

Die anderen Männer wiederum hatten eine Wut

auf Joakim, denn sie begehrten Susanna, die falsche Hoffnungen erweckte, so oft sie konnte.

Denn so steht es in der Ur-Schrift:

> „Susanna hatte Lust, sich an andere
> hinzu- wanddeln ..." **

Aus *„Lust" und „[an]-wanddeln"* machten die Übersetzer ein *„Lustwandeln":*
Susanna *„lustwandelte"* im Baumgarten ihres Mannes, heißt es.

Nun geschah folgendes:
Es kamen zwei ältere Herren des Weges und Susanna verschonte die beiden Grauhaarigen nicht mit koketten Blicken.

Da wurden die beiden, trotz ihres fortgeschrittenen Alters, munter. Und kamen auf dumme Gedanken.

„Komm ...!" sagten sie zu Susanna, „... der Garten ist verschlossen, dein Mann ist nicht da –, wollen wir unseren Spaß haben!"
„Schon ... schon ...!„ lockte Susanna, die immer nur locken konnte, aber niemals Erfüllung gewähren, „... ihr dürftet schon dürfen, aber, ... mein Mann, oh, mein Mann ...!" Nun wand sie sich, in aufreizender Manier, spielte die tugendsam Hin- und Hergerissene und wirkte dabei noch begehrenswerter.

Mit gekonnt-unschuldigem Blick meinte sie:
„Nein, nein ..., *des mächt i ned ausbodn!"*
So steht es wörtlich in der Ur-Schrift:
„ausbaden".

Spätere Übersetzer machten daraus ein *„Ba-*

den"; so entwickelte sich die bildhafte Geschichte von

„Susanna im Bade",

einem unschuldigen, treuen Weibchen, das *„im Bade"* von zwei gierigen alten Böcken überrascht und *„unsittlich angegangen"* worden sei. –

In Wirklichkeit lockte Susanna die unschuldigen Männer, nicht umgekehrt, und sie lockte sie nur, um sie dann wieder fallen zu lassen.

Und im Bade war sie nicht.

Sie hatte sich längst schon gewaschen, das gewaschene Weib.

Damit nicht genug: Susanna fing an zu schreien: „Zu Hilf! – Zu Hilf! – Die bösen Männer wollen etwas von mir . . .!"

Aber keiner hörte auf Susanna. Sie schrie jeden Tag mindestens einmal in dieser Weise und alle Nachbarn wußten das.

Die Alten aber waren ärgerlich: Sie waren, wegen der begrabenen Hoffnungen auf ein Schäferstündchen, völlig *„am Boden"*.

So die Ur-Schrift.

Aus diesem *„am Boden"* wurde dann: Sie seien am Boden gelegen.

Und zwar tot.

Weil man sie gesteinigt hätte, wegen ihrer schweinischen Absichten.
So schlimm war's aber dann doch nicht.
Sie befanden sich lediglich seelisch *„am Boden"*, und letztlich fiel ihnen ein Stein vom Herzen,

weil es nicht zum Ehebruch mit der zickigen Susanna gekommen war.

Aus dem „*Stein*", von dem die Ur-Schrift erzählt, wurde später ein „*Steinigen*".

Die Volksmenge soll die Bösewichter gesteinigt haben, wegen versuchten Ehebruchs und übelster Nachrede.
Sie wurden jedoch steinalt.

Manchmal ist man um eine verpaßte Gelegenheit richtig froh.
Jedenfalls tut man so.
Wer weiß, was diese Susanna alles rumerzählt hätte ..., nicht auszudenken ...!

* Das möchte ich nicht ausbaden.
** hinzuwenden

Daniel in der Löwengrube

„Die hübschen Grübchen“

Die Abweichungen vom Ur-Schrift-Text, hin zum endgültigen Text der biblischen Überlieferung, sind bei der Daniel-Geschichte besonders augenscheinlich.

In der Ur-Schrift steht:

„Daniel hatte Mut wie ein Löwe
und hübsche Grübchen [im Gesicht],
vor allem, wenn er lachte.“

Aus *„Löwe“* und *„Grübchen“* wurden in späteren Übersetzungen erst *„Löwengrübchen“*, dann eine ausgewachsene *„Löwengrube.“*

Daher die Imagination:
„Daniel in der Löwengrube“

Nachdem dieser Begriff feststand, war der Rest schnell dazuerzählt:
Die Götzenpriester des babylonischen Königs, er war bereits ein Nachfolger Nabuchodonosors –, hätten Daniel in eine Löwengrube geworfen.

Es versteht sich von selbst, daß diese Löwen freundlich um Daniel herumschnüffelten und ihm nichts zuleide taten.
Denn Daniel glaubte bedingungslos an den Lieben Gott.
Und der half ihm.
Er half ihm mit seinen hübschen Grübchen zu

Der grinsende Daniel

lächeln.
Daniel lächelte die Löwen einfach an.
Worauf die Löwen Daniel halfen.
Indem sie ihn nicht auffraßen. Nur angrinsten.

So hatte der Liebe Gott, als Gotteszeichen, Daniel gerettet.

Der Liebe Gott, der die Menschen erschaffen hatte, um nicht mehr allein zu sein und der von den ungläubigen, undankbaren, blinden, verblendeten Menschen, seit es sie gab, nichts als enttäuscht wurde...
...er freute sich richtig, daß eines seiner Geschöpfe den Schöpfer nicht ignorierte und bei ihm Hilfe suchte.
Das ist übrigens immer so.

Der Liebe Gott freut sich, wenn man ihn anspricht.

Er hilft sofort. Und:
Wenn man ihn anspricht, obwohl man ihn nicht braucht, wenn man ihn „...einfach so..." anredet, dann freut er sich noch mehr.
Denn er ist sehr allein.

So oder so:
Die Geschichte von der Löwengrube, wenngleich eigentlich ein Übersetzungsfehler, ergibt, so wie sie ist, halt auch einen guten Sinn.

Der Übersetzer war genauso inspiriert wie der unbekannte Autor der Ur-Schrift.

Der Sinn der Geschichte?
Wieviel es wert ist, wenn man in jeder Lebenslage auf Gott vertraut. Und lächelt!

(Und zu diesem Gottvertrauen, auch noch mit Löwen umgehen kann und sich nicht fürchtet, wer immer diese Löwen auch sein mögen...)

Das ist das Schöne an der Ur-Schrift.
Inspiration ist immer dabei.

Judith

„Kopf hoch, Holofernes!"

Holofernes, ein Assyrer und erfolgreicher Feldherr, litt an grausamen Kopfschmerzen.
Nun sollte er Jersualem erobern.
Und immer diese Kopfschmerzen! Der Helm tat ihm weh und das Gegröhle der Kriegsmannschaften, es war ihm ein Graus.

Nun, endlich stand er vor der Stadt Bethulia, die es vor Jerusalem zu erobern galt.
Das Kopfweh brachte ihn fast um.
Es ging ihm nun wie vielen Menschen, die ständig von Kopfweh geplagt werden: Der gute Holofernes verlor den Lebensmut, wurde depressiv und sein Kopf hing ihm tief herab. Vom vielen Kriegs-Streß fühlte er sich, ganz und gar *abgeschlagen,* matt und *kopflos.* –

Da kam Judith daher.
Er klagte ihr sein Leid.
„Kopf hoch, Holofernes ...!" Deine grausamen Kopfschmerzen werden vergehen, bald fühlst du dich nicht mehr so kopflos und abgeschlagen!"

So berichtet uns die Ur-Schrift also von einem *„abgeschlagenen"* Holofernes, der ständig Kopfweh hatte und den eine einfühlsame Judith mahnte:
„Laß di ned a so hänga, ... Kopf hoch ...!" *
Was machte die Text-Tradition daraus?

Holofernes, mit seinen grausamen Kopfschmerzen, sei ein *„grausamer“* Feldherr gewesen.
Judith hätte sich in sein Lager geschlichen und ihm den Kopf abgeschlagen.
Nur weil in der Ur-Schrift steht, daß er sich *„abgeschlagen“* fühlte ...!

Zudem wird erzählt, Judith hätte den abgeschlagenen Holofernes-Kopf in einen Sack gesteckt, nach ihrer Stadt Bethulia getragen und dort hochgehalten. In Wirklichkeit aber mahnte sie Holofernes, der seinen Schmerzkopf am liebsten verschenkt hätte, er solle *„... ihn hochhalten ...!“* [den Kopf natürlich] –, wie es sich für einen ordentlichen Feldherrn geziemt.

So war's. Genau so.

* Laß Dich nicht hängen, Kopf hoch!

Aus dem Neuen Testament

Am Anfang war ...

*„... oiss war klar ...“ **

„Am Anfang war das Wort,
und das Wort war bei Gott,
und das Wort war Gott ...“ **

So beginnt das Johannes-Evangelium.
Ein geheimnisvolles Klangbild. – Die Erklärung?
Sie steht in der Ur-Schrift. Da heißt es:

„oiss war und oiss war klar
und des war klar,
daß oiss klar war“

Jesus brachte das klare Licht (des Göttlichen Humors und der Liebe) ans Licht der Öffentlichkeit.
Es war verschüttet seit der Schöpfungsgeschichte.
In der Ur-Schrift steht alles klipp und klar.
Man braucht gar nicht so viel an der Bibel herumzutüfteln.
Klar?

* Alles war klar.

** Ein kompetenter Bibel-Kommentar sagt:
„‚Das Wort war bei Gott' bedeutet: ‚es war Göttlichen Wesens.'“ Kein Wunder. Denn dem Lieben Gott war vieles klar; „oiss war dem Lieben Gott klar ...!“

Heilige Nacht

Wie das Lukas-Evangelium über die heilige Nacht berichtet, das ist wohl jedem bekannt.

> „Sie [Maria] gebar ihren Sohn, den Erstgeborenen, wickelte ihn in Windeln und legte ihn in eine Krippe. Denn in der Herberge war kein Platz für sie ..."
>
> (Lk 2, 6 – 7)

In der Ur-Schrift findet sich aber auch noch eine Prophetie über die „Heilige Nacht":

> „Dort, wo dereinst diese Ur-Schrift des Buches der Bücher gefunden werden wird; da wird der Ort Bad Reichenhall entstanden sein, und ein junges Paar, Mann und Weib, wovon das Weib ein Kind unter dem Herzen trägt ...
>
> ... wird auch in 2000 Jahren keinen Einlaß gewährt bekommen und keinen Wirt finden und die Türen werden ihnen zugeschlagen werden ...
>
> ... weil reiche Reisende „aus dem Norden" jedes Bett belegt halten ..."

Wie wahr!

Diese Text-Stelle aus der Ur-Schrift, eine Prophetie, die weit über 2000 Jahre alt ist –, dürfte wohl der letztendliche und unwiderlegbare Beweis sein, daß die Ur-Schrift Recht hat.

Die Gastronomen der Zeit des Kaisers Augustus, die wenigstens eine Stroh-Krippe bereit-

HOTEL
eder
HOTEL
HOTEL
HOTEL

stellten, waren gar nicht so schlimm wie ihr Ruf.

Ein Ruf, der herrührt von den späteren Übersetzungen der Ur-Schrift, also unserer bekannten Heiligen Schrift.

Heilige Nacht?
Gute Nacht!

Salome und Johannes der Täufer

„Um Kopf und Kragen bringen . . .“

Johannes predigte.
Er traute sich ganz schön viel.
Herodes hörte zu und dachte sich wenig dabei. Das Denken gehörte sowieso nicht zu seinen Lieblingsbeschäftigungen.

Lieber soff er und schielte mit gierigen Augen nach seinem halbwüchsigen Stieftöchterchen Salome.
Aber seine Frau, die Herodias und deren Tochter, eben diese Salome, die dachten sich einiges!

Johannes, der gut und männlich aussah und ein blendender Redner war, er hätte sich das denken können, daß die beiden Weiber sich etwas dachten.
Aber so weit dachte er dann doch nicht.
Weil er ein Berufener war und nur an seine donnernden Predigten dachte.

Er stand vor dem Palast der Herodes-Familie und predigte so laut und zeternd, daß drinnen die Marmorwände erbebten.
Er nannte die Frau des Herodes eine Schlampe und ihre Tochter ein *„Früchterl“*.
Was später mit *„. . . Kind der Sünde . . .“* über-

eder

setzt wurde. – Salome, das fruchtige Kind der Sünde, verstand den Ausdruck *„Früchterl“* falsch.

Sie glaubte, das sei ein Kosename und sie wurde noch gieriger auf den guten Johannes, als sie es eh schon war.

Doch der wollte ihr nix.
Predigen genügt dem.
Da bekam sie in *„dick“*.

„Warte nur, du arroganter Wanderprediger, dein Geschwätz bringt dich noch um *Kopf und Kragen!“* schrie Salome.
So die Ur-Schrift.

Was aus dieser Bemerkung gemacht wurde, ist bekannt.

Was man nicht im Kopf hat, das hat man in den Beinen.
Und Salome hatte herrliche Beine.

Hätte Johannes rechtzeitig bei ihr den Kopf verloren, sie erhört, sich verliebt und ihren gierigen Antrag nicht zurückgestoßen, dann hätte er nicht nur eine wunderschöne Zeit verlebt [die zum Predigen gewiß genügend Zeit gelassen hätte . . .], nein, er hätte überdies seinen Kopf behalten.

Den verlorenen.

So kann's gehen, wenn man seinen Kopf nicht verliert:
Daß man seinen Kopf verliert!

Anmerkung:
Es gibt sogar eine Oper über Salome und Johannes.
Besonders beliebt unter den Sängern ist die Rolle des Johannes.
Der braucht nicht soviel zu singen, weil er die meiste Zeit ohne Kopf rumsaust. Dadurch schont er die Stimmbänder.
Und die Nerven.
Die Johannes-Sänger zählen zu den besten und besterhaltenen Opernsängern der Welt.

Die Berufung der Jünger

„*Kum*“*

„*Kum*“ ist ganz offensichtlich ein hebräisches Wort. Es kommt in der Ur-Schrift öfters vor, und zwar an den sogenannten „Berufungsstellen“. Wenn also Jesus seine Jünger beruft und sie auffordert, mit ihm zu gehen.

So heißt es in der uns bekannten Bibel, die auf der Ur-Schrift fußt, bei Matth. 9,9:

> „Als Jesus von dort weiterging, sah er einen Mann mit Namen Matthäus an der Zollstätte sitzen. Er sagte zu ihm: ‚Folge mir!‘ Der machte sich auf und folgte ihm . . .!“

Oder bei der bekannten Berufung des Petrus (Luk. 5, 10 – 11):

> „‚Von nun an sollst du Menschenfischer sein.‘ Da zogen sie die Boote an Land, verließen alles und folgten ihm . . .“

Warum steht hier in der Ur-Schrift immer das –, deutlich erkennbar hebräische –, Wort „*Kum*“? Das Wort ist nicht hebräisch, sondern bayerisch.

„*Kum*“, sagte Jesus, wenn er einen einzelnen berief, auch „*kim*“, oder, bei mehreren, „*kemmts!*“

Und schon kamen sie.

* Komm, folge mir.

„Wahrlich, ich sage euch . . . !“

„. . . des oane sog i eich . . . !“ *

Viele „Sprachformen“ der bekannten Bibel gehen auf das Unverständnis der Übersetzer gegenüber dem Ur-Text zurück.

Ein Beispiel:

Jesus Christus redet gerne in Gleichnissen und belehrenden Beispielen. Am Anfang einer solchen Rede wird ihm immer wieder die Formel

„. . . wahrlich, ich sage euch . . .“

in den Mund gelegt.

Der Grund?

Steht nur in der Ur-Schrift und war bisher nicht bekannt: Jesus beginnt seine berühmten Reden und Aufforderungen mit

„. . . des oane sog i eich . . .“,

um seine Botschaft rhetorisch zu verstärken. Und das wurde dann mit „wahrlich, ich sage euch . . .“ übersetzt . . .

* Paßt jetzt genau auf!

„Schleich di“

Versuchung in der Wüste

„Schleich di!“

So wird die *„Versuchung in der Wüste“* vom Evangelisten beschrieben:

> „Jesus aber kehrte voll Heiligen Geistes vom Jordan zurück und wurde vom Geist vierzig Tage lang in der Wüste umhergetrieben, wobei er vom Teufel versucht wurde. Und er aß nichts in jenen Tagen, und als sie abgelaufen waren, hungerte ihn.
> Da sprach der Teufel zu ihm: Wenn du Gottes Sohn bist, dann sprich zu diesem Stein, er solle zu Brot werden. Da antwortete ihm Jesus: Es steht geschrieben: ‚Der Mensch lebt nicht vom Brot allein.'
> Da führte ihn der Teufel auf einen hohen Berg hinauf und zeigte ihm einen Augenblick alle Reiche des Erdkreises und sagte zu ihm: Ich will dir diese ganze Macht und ihre Herrlichkeit geben . . .“

Alles umsonst.
Selbstverständlich ließ Jesus sich nicht verführen. Der Teufel versuchte es aber immer wieder, mit allen möglichen Tricks. Umsonst.

Nur in der Ur-Schrift findet sich der entscheidende Satz, den Jesus zuletzt sprach.
Der Satz lautet:
„Schleich di!“

Das saß. Der Teufel schlich sich.
Das klingt dann in den späteren Übersetzungen so:

> „Als der Teufel mit allen Versuchungen zu Ende war, ließ er von ihm ab…“

Der reiche Fischfang
Der Sturm auf dem See
Heilung eines Gelähmten

Drei Wundererzählungen nach dem Lukas-Evangelium, erstmals in der richtigen Übersetzung dargeboten, beweisen, wie klar und schnörkellos die Ur-Schrift geschrieben ist.

1) Der reiche Fischfang (Lk 5, 4 – 11):
Als Jesus seine Rede beendet hatte, sagte er zu Simon: „Fahr weiter hinaus und werft eure Netze zum Fange aus."
„Meister", entgegnete ihm Simon, „die ganze Nacht haben wir uns abgemüht und haben nichts gefangen."
Da sprach Jesus: *„Des wern ma glei ham."*
Simon erwiderte: „Auf dein Wort hin will ich die Netze auswerfen."
Das taten sie und fingen eine große Menge Fische. Ihre Netze drohten zu reißen.
Das sagte Jesus: *„Oiso, nacha!"*

2) Der Sturm auf dem See (Lk 8, 22 – 25):
Eines Tages stieg Jesus mit seinen Jüngern in ein Boot und sagte: „Oiso, nacha, wir wollen an das andere Ufer des Sees hinüberfahren." Sie stießen vom Lande ab. Während sie dahinfuhren, schlief er ein. Da warf ein Sturm Wind auf den See herab. Sie wurden überflutet und schwebten in Gefahr. Da traten sie an ihn heran, weckten ihn und riefen: „Meister, Meister, wir gehen unter!"

Er erhob sich, sagte: *„Des wern ma glei ham!“* und es trat Stille ein. Da sagte er zu ihnen: *„Oiso, nacha!“*

3) Heilung eines Gelähmten (Lk 5, 17 – 26):
Da brachten Männer auf einem Bett einen Gelähmten. Sie versuchten, ihn ins Haus hineinzubringen und vor Jesus hinzulegen. Aber wegen der Volksmenge wußten sie nicht, wie sie ihn hineinbringen sollten. So sprachen sie:
„Des wern ma glei ham!“, stiegen aufs Dach und ließen ihn mitsamt dem Bett durch die Ziegel hinab, gerade vor Jesus hin. Als er ihren Glauben sah, sagte Jesus auffordernd:
„Oiso, nacha!“ Sogleich erhob der Ermunterte sich vor ihren Augen, nahm das Bett, auf dem er gelegen hatte, und ging, Gott preisend, nach Hause. Alle wurden von Staunen ergriffen und lobten Gott. Voll Furcht sagten sie: *„Sowos“*.

Aus Wasser wird Wein

Da sich über das Wirken von Jesus recht wenig in der Ur-Schrift findet, dürfen wir annehmen (und glauben!), daß all das in unseren bekannten Bibel-Ausgaben, quer durch alle Evangelien, Niedergeschriebene –, exakt und getreulich überliefert wurde. Und stimmt.

Auf einer Schriftrolle der Ur-Schrift findet sich allerdings etwas über das biblische Phänomen der „Weinvermehrung“:
„Ja, was mach ma denn da . . .?“ fragte der Gastgeber seine Frau, „. . . es ist viel zu wenig Wein da für die zahlreichen Gäste!“
„Jetzt kann uns nur noch *a Wunder* helfen . . .!“ stöhnte die Frau.
„Ja, auch ich warte auf ein *Wunder* . . .“, wiederholte der Mann.

Dann füllten sie in Wasserfässer, die herumstanden, den wenigen, noch vorhandenen Wein. Ungefähr auf neun Zehntel Wasser ein Zehntel Wein!

Der Wein wurde mehr und mehr.

Ein Wunder.

Die Gäste (unter denen auch Jesus weilte) konnten trinken, soviel sie wollten –, keiner wurde betrunken.

Dies war ein zweites Wunder.

So machte man aus Wasser Wein und aus Alkohol einen Alkohol, der keiner war.

Die Ur-Schrift liefert an dieser Stelle sogar eine Prophetie.

„... siehe, aus Wasser wurde Wein, aber,
es werden Tage über euch kommen, da wird
aus Wein Wasser werden ...“

Diese Tage sind über uns gekommen.
Heute spricht man allerdings, wenn aus Wein Wasser wird, nicht von einem Wunder, sondern von Pantscherei.
Kein Wunder.

Jesus geht über den See

Die Jünger saßen, zusammen mit Jesus, in einem Boot und fragten ihn über den Glauben.

„So manches *geht* über unsere Vorstellung ...“, sagten sie.

Worauf sie erfuhren, daß für jemanden, der glaubt, alles besser *geht.*
„Das *geht* schon ...!“ meinte Petrus, stieg mitten auf dem See aus dem Boot –, und versank.
Als er wieder auftrauchte, sah er: *So geht's* nicht.
Er hatte zu wenig geglaubt und gezweifelt. Deswegen war es ihm so er-*gangen.*
„Nun *geht's* schon wieder ...“, sagte er und schüttelte sich.

So entstand, in späteren Übersetzungen, die Geschichte vom Über-Wasser-Gehen.

Es *geht* bei diesen Erzählungen, wie bereits in der Ur-Schrift, um den bedingungslosen Glauben. Der einen, wie oft im Leben, über Wasser hält, so daß man sagen kann:

„... 's gäht scho wieder ...!“

Deshalb das schöne biblische Bild. Ein Bild sagt mehr als tausend Worte.
So geht's.

Und überhaupt:
Was sagt das *„Bild“* mit dem Boot, dem (nassen!) Wasser und dem trockenen Petrus, der nicht richtig glauben will –, und naß wird?
Er sagt: Wer glaubt, dem geht's nie ...

„... so richtig naß nei ...“

So die Ur-Schrift wörtlich.

Petrus hatte eine, (momentane) „Glaubensschwäche“ und wurde feucht.

Eine trockene Erkenntnis, die zu denken gibt ...

Das Lachen von Jesus

Zunächst einige Gedanken über Jesus und die Frauen.

„Jesus selbst war kein Asket..." Sondern er war den Freuden des Lebens durchaus zugetan. *

Den Freuden des Lebens durchaus zugetan!

Wir, die Ur-Schrift-Leser, wollen hier nicht weiter über Jesus und die Frauen nachdenken, sondern wir wollen erfahren, wann und warum Jesus herzhaft gelacht hat.

Denn die Ur-Schrift berichtet davon.

Betrachten wir deshalb, was das Neue Testament der späteren Übersetzung, also der uns bekannten Bibel –, über eine berühmte Begegnung von Jesus mit einer Frau –, in diesem Falle: Einer Sünderin! –, berichtet:

> „Aber die Schriftgelehrten und Pharisäer brachten eine Frau zu ihm, im Ehebruch ergriffen, und stellten sie in die Mitte und sprachen zu ihm: Meister, diese Frau ist ergriffen auf frischer Tat im Ehebruch. Mose aber hat uns im Gesetz geboten, solche zu steinigen. Was sagst du? Jesus sprach zu ihnen: Wer unter euch ohne Sünde ist, der werfe den ersten Stein auf sie. Da sie aber das hörten, gingen sie hinaus, einer nach dem andern, von den Ältesten an; und Jesus ward allein gelassen und die Frau in der Mitte stehend. Jesus aber richtete sich auf und sprach zu ihr: Weib, wo

sind sie, deine Verkläger? Hat dich niemand verdammt? Sie aber sprach: Herr, niemand. Jesus aber sprach: So verdamme ich dich auch nicht; gehe hin und sündige hinfort nicht mehr."

(Johannes 8, 3 – 11)

Die ganze Szene ist eigentlich eine Illustration des Jesus-Wortes: **

„Richtet nicht, auf daß ihr nicht
gerichtet werdet". (Matth. 7,1) und seines Selbsterzeugnisses, daß er nicht gekommen sei, um andere zu richten. (Joh. 3, 17)

Wann Jesus gelacht hat?
Nun, in der Ur-Schrift steht:

„Sie traten hin zu Jesus und sprachen:
Tage werden kommen, da werden die,
welche dein Wort verkünden, keine Frauen
haben und sie werden keine Frauen haben
dürfen und sie werden es auch noch
zum Zeichen ihres Amtes und der Würde
ihres Amtes erheben, daß sie kein Weib
haben . . ."

Was Jesus darauf antwortete.
Er lachte herzhaft.

* Schalom Ben-Chorin: „Bruder Jesus. Der Nazarener in jüdischer Sicht." dtv/List, München [3]1979, S. 98f.

** Ben-Chorin, a. a. O., S. 102.

ZÖLIBAT
!
eder

Jesus heilt Aussätzige oder: Was sind Dämonen?

*„... dua ma des ned o...!“**

Heutzutage reden wir wieder viel von Dämonen, bösen Geistern und *„Exorzismen“* (=Dämonen-austreibungen). – Im Neuen Testament, da ist häufig zu lesen, daß Jesus Dämonen austreibt.

Bis heute ist das Thema nicht erklärt.

Nicht? – Doch!

Seit der Lektüre der Ur-Schrift-Rollen wissen wir, wie's wirklich gewesen sein muß:

Warum war Jesus in der Lage, Dämonen zu vertreiben? Und, was ist das, ein *„böser Geist“?*

Jesus konnte Dämonen vertreiben, weil er lachen konnte und Humor hatte, – nur darum!

Er nannte die bösen Geister beim Namen, (ein böser Geist will nie genannt sein, dies schmälert seine Macht, siehe Märchen vom Rumpelstilzchen!) –, und Jesus lachte die *„Unreinen“* aus.

Da konnten die bösen Geister, die *„grantigen Teufel“,* gar nicht anders, als *„aus der Haut fahren...“.*

„Quäle mich nicht...!“ bittet ein Dämon an einer bekannten Exorzismus-Stelle des Neuen Testaments:

„... warf sich vor ihm nieder und

schrie mit lauter Stimme: Was habe
ich mit dir zu tun, Jesus,
du Sohn des höchsten Gottes?
Ich beschwöre Dich bei Gott, quäle
mich nicht!“ Denn Jesus hat zu ihm
gesagt: „Fahre aus, du unreiner Geist,
aus dem Menschen . . . !“

In der Ur-Schrift aber fleht der Dämon:
„dua ma des ned o!“

Und warum? Was hatte Jesus im angetan? Ausgelacht hatte er ihn. So die Ur-Schrift: Jesus lachte und sprach: *„Schleich di!“* **
Denn der Humor ist das Göttliche und böse Geister sind nichts anderes, als wesengewordene Humor-Losigkeit. Norotrische Grantler, also.

Wer keinen Humor hat, verliert die Gesichtsfarbe und wird krank. Humorlosigkeit, Verbitterung und Dauergrant kränken. Sich selbst und andere.

Und können auch töten.

Hier liefert die Ur-Schrift die Erklärung, warum Jesus sogar Tote auferwecken und wieder aufstehen lassen kann . . .
. . . weil er lacht. Weil er die todbringenden Lach-Verweiger auslacht und dadurch Leben spendet.

Humor ist das Leben. Humor ist Gott. Und Jesus Gottes Sohn.

* Das kannst Du mir nicht antun.
** siehe auch: „Versuchung in der Wüste“: Jesus sagt zum Teufel *„schleich di!“* und die Sache hat sich.

Jesus; die Frauen; die Auferstehung

*„. . . gäh, schaugts ned a so . . . !“**

Das [auch dem „Zölibat“ zugrundeliegende!] gestörte Verhältnis der Männer zu Frauen ist, sicherlich und nicht zuletzt, darauf zurückzuführen, daß Jesus, im Falle der *„Sünderin“*, zu der Frau half; nicht aber zu den Schriftgelehrten!

Warum sollte er auch?
Wer lachen kann, der ist froh und wer froh ist, der hat nie etwas gegen Frauen!
Und umgekehrt.
Wer nichts gegen die Frauen hat, der hat, zumeist, etwas mit den Frauen . . . **
. . . was wiederum froh macht.
So schließt sich der Kreis. Sind wir froh, daß es so ist, wie es ist.

Die Frauenhasser stehen, damals wie heute, mit scheelen Augen daneben und laden ihre Wut über versäumten Frohsinn auf die Frauen ab.
Jesus hatte solches nicht nötig.

Übrigens waren es auch Frauen, die als erste, von der Auferstehung kündeten.
[Die Frauen am Grabe, siehe Matthäus 28, 1 – 10.]
Und was sagte der Auferstandene zu den Frauen?

„Seid gegrüßt!“

So steht es im Evangelium, Matth. 28, 9.

Eine sehr gute Übersetzung aus der Ur-Schrift, in der das Jesus-Wort, das Wort des Auferstandenen, an die staunenden und fürsorglichen Frauen, so zitiert wird:

„. . . gäh, schaugts ned a so . . .“

Nicht zu Männern sagte er es, sondern zu Frauen, obwohl deren „Zeugnis“ damals nicht rechtskräftig gewesen wäre. (Die Aussage einer Frau in der damaligen Zeit, vor Gericht, zählte nicht.)

– Zählte nicht! –

Von wegen.
Warum gibt es den Glauben an Jesus?
Weil sich Frauen an sein Grab trauten. Warum trauten sie sich?
Weil er sich ihnen anver-traut hatte und sagte:
„Gäh, schaugts ned a so . . . !“
Und zu einem Menschen (oder Gott-Menschen), der lachen kann,, darf man/frau Vertrauen haben. Auch, wenn er als Auferstandener vor einem steht.

Sie hatten Vertrauen und erzählten es den anderen. Die „anderen“ erzählten es weiter. So entstand das Christentum.

Sag' noch einer etwas gegen die Freude, gegen die Frauen, gegen das Lachen.
Wär' doch zum Lachen!

* „Blickt nicht so traurig drein“
** „. . . die ham was mit'nand . . .“, sagte man dann!

Die Wunder von Jesus. Was ein Wunder war und was einen nicht wundern braucht.

In der Ur-Schrift steht:

„Zuerst dachte sich die Obrigkeit nichts.
Man wunder-te sich nur.
Doch dann begann es:

Er vermehrte Essen und Trinken.
Und der Profit war *‚beim Teufel'.*
Der Profit derer, die Essen und Trinken verkaufen.

Er warf Andenken-Händler aus dem Tempel.
Und der Profit war *‚beim Teufel'.*
Der Profit derer, die Andenken verkaufen.

Er heilte Blinde.
Und der Profit war *‚beim Teufel'.*
Der Profit derer, die von der Verblendung der Massen leben.

Er heilte Kranke und Aussätzige.
Und der Profit war *‚beim Teufel'.*
Der Profit derer, die als Doktoren und Heilpraktiker von der Krankheit anderer leben können. Und nicht von deren Gesundheit.

Er heilte seelisch Kranke.
Und der Profit war *‚beim Teufel'.*
Der Profit derer, die davon leben, daß Einsamkeit krank macht.

Er heilte Wahnsinnige.

Und der Profit war *,beim Teufel'.*
Der Profit der wahnsinnigen Wahnsinnsheiler ...

Er schenkte und vermehrte Liebe.
Und der Profit war *,beim Teufel'.*
Der Profit derer, die vom Haß leben, den Haß lieben und den Haß brauchen.

So taten sie sich zusammen, da alles beim Teufel war, um, zusammen mit dem Teufel, seine Pläne zu durch ...
... kreuzen!

Kein Wunder." *

* wörtlich heißt es in der Ur-Schrift:
„... es waar ja koa Wunder ned g'wesn ..."

Eine originale Wunder-Erzählung

„über'm Berg sei ..."

Ein Mann war schwer krank.

Er wandte sich an Jesus: „Hilf mir, Rabbi! Versetze mich nicht!"

„Du mußt fest an mich glauben!" antwortete Jesus.

Und der Mann glaubte fest an ihn und ward gesund. Die es gesehen hatte, sprachen voll Staunen:
„Tatsächlich: die Röte kehrt in seine Backen zurück! Jetzt ist er *über'm Berg!*"

So die Ur-Schrift wörtlich:
„Über'm Berg". –

Was machten die späteren Übersetzer daraus?
Aus *„Glauben"*, *„versetzen"* und *„Berg"*..., wurde:

„der Glaube versetzt Berge".
Das ist der Gipfel.

Das Schweige-Gebot

*„. . . seids staad . . .!“**

„Erzählt niemanden davon . . .“, sagt Jesus nach vielen seiner Wunder:
„Er aber schärfte ihnen eindringlich ein, daß es niemand erfahren dürfe.“ (Markus 5, 43)

Warum das?
Warum „wirkt“ er dann die Wunder, wenn er nicht will, daß die Kunde davon durch alle Lande läuft?

Wir Ur-Schrift-Leser wissen es.
Wir wissen heute, „. . . es war koa Wunder ned“ **, daß eine profitgierige Welt an Jesus, der Liebe verschenkte, Anstoß nahm.
Er wußte es, damals, auch.
Und er wollte, daß nichts *zerredet* würde:

„. . . seids staad . . .!“

sagte er deshalb. So steht's in der Ur-Schrift.

Der Sinn:
Jesus wollte den Ur-Sinn seiner Botschaft erhalten, den Ur-Sinn, niedergelegt in der Ur-Schrift . . . vom Göttlichen Humor, der ja eine Form von Liebe ist.

Über Liebe soll man, eigentlich, selbst wenn man Prediger ist, . . . nicht soviel reden.

Deshalb, die Wunder-Erzählungen der Bibel mit dem geheimnisvollen Schweige-Gebot.

* Seid still.

** siehe: „Die Wunder von Jesus . . . was einen nicht zu wundern braucht.“

Die Apostelgeschichte

„des hat an Heiden-Spaß g'macht . . . !"

Die Apostel zogen hinaus in die Welt und verkündeten die Botschaft, wie sie in der Ur-Schrift niedergeschrieben steht.

Und weil es eine Botschaft der Freude, der Lust, des Lachens und der schöpferischen „Gaudi" *, ist –, machte ihnen die Verkündigung einen Heidenspaß!
Das, was man heute „Öffentlichkeitsarbeit" nennen würde . . ., die Apostel waren die besten „Öffentlichkeitsarbeiter", die es jemals auf der ganzen Welt gegeben hat.
Sie gingen auf in ihrer Arbeit, sie waren überzeugt von der Botschaft der Freude: Ein Heidenspaß!
So steht es in der Ur-Schrift!

„des hat an Heiden-Spaß g'macht . . . !"

Wörtlich so.

Deshalb glaubten die Übersetzer, wegen des Wortes „Heiden-", daß die Heiden missioniert worden seien. Und daß nur den Heiden der Spaß vergönnt sei.

Aber, wir Ur-Schrift-Leser wissen, daß der Spaß auch für Nicht-Heiden ein Heidenspaß sein darf.

Was heißt auch schon „Heiden"? Alle sind Menschen. Der Ur-Schrift-Leser weiß also nun auch, daß für das Wort „Heidenspaß" „Christenspaß" gesetzt werden darf...

Und überhaupt!
Hier schließt der erzählende Teil der Ur-Schrift. Vielleicht war es so, vielleicht war es nicht ganz so.**
Weiß Gott.

Mit dieser, letzt-endlichen und immer gültigen, *Summe aller Theologien* –, schließt die Ur-Schrift und gibt diese Erkenntnis den Lesern und Gläubigen mit auf den Weg:

„*... des ko scho so sei, des ko a ned a so sei...*"***

Amen.

* Gaudi: Das, was so richtig Spaß macht!

** Bis jetzt sind übrigens noch nicht alle „Heiden" missioniert, aber den Heidenspaß gibt es immer noch.

*** Das kann schon so sein, das kann aber auch nicht so sein. – Daraus folgert die Theologie: Es ist so.

Vor der Schöpfung, zwischen der Schöpfung und nach der Schöpfung

Erschaffung des Erschaffens oder:
Wie der Liebe Gott das Erschaffen erschaffen hat

Der Liebe Gott war ganz allein.
Er war alleiner noch als allein, denn es gab nicht einmal das „Sein“ zu dieser Zeit; damit kein Alleinsein. Zeit gab es übrigens auch noch nicht zu jener Zeit, es gab auch kein „Geben“, und damit kein „Gab“, nicht einmal ein Nichts gab es... nicht.

Geschweige denn, die Schöpfung.

Wie hätte es auch eine Schöpfung geben können, wo noch nichts erschaffen war?

Weil überhaupt noch nichts erschaffen war, war das „*Erschaffen*“ ebenfalls noch nicht erschaffen.

Da stand er nun, der Liebe Gott, alleiner als allein, in einem Sein, das kein Sein war und wollte sagen:

„Du lieber Ich...!“

Aber, das ging auch nicht, denn das „Ich“ war erst zu erschaffen.

Und wie sollte er das schaffen, wo doch das Erschaffen noch nicht erschaffen war?

„Des schafft mi...!“ sagte er resigniert zu sich selbst, als er dieser Leere gewahr wurde.

Und nicht einmal das:
Es gab ja zu dieser Zeit, die keine Zeit war, auch keine Leere, weil es noch kein Nichts gab; genausowenig wie es ein Etwas und ein Sein gab.

„Des schafft mi . . . !“

Dieses vor-erschöpfliche Zitat eines er-„schöpf“-ten Schöpfer-Gottes steht in unserer Ur-Schrift. Und nur dort!

Wir wissen, daß alles, was der Liebe Gott sprach, sofort Schöpfung wurde, also *„da“* war.
Und, indem er *„. . . des schafft mi . . .“* gesagt hatte . . .
. . . da hatte er es geschafft:

Er hatte das Erschaffen erschaffen.
Das heißt, das Schaffen geschaffen.
Indem das Erschaffen erschaffen war –, das heißt, das Schaffen geschaffen war! –, konnte der Liebe Gott das „Sein“ erschaffen und später, aus dem „Sein“, die Welt, das Sechs-Tage-Werk.

„Das schaff' ich jetzt schon!“ dachte er erfreut, nachdem er er-schöpfend über alles nachgedacht hatte.
So die Ur-Schrift.
Schon hatte er das *„Ich“* erschaffen. Denn Gott sagte: *„. . . schaff ich schon . . .“*

Nun war das Ich in der Welt, das er später den Menschen schenkte. Dazu mußte er aber noch das *„Du“* erschaffen. Doch davon später.

Wir Ur-Schrift-Leser wissen jetzt etwas, das in der Bibel, die mit ihrem Schöpfungs-Bericht *„zu spät“* beginnt, nicht steht:

Daß, bevor die Schöpfung geschaffen wurde und schaffbar war, erst das Erschaffen erschaffen werden mußte.

Und daß der Liebe Gott aus dem Nichts, das nicht einmal ein Nichts war . . .,
so etwas schaffte.

Die Nicht-Erschaffung von Anfang und Ende

*„. . . es is hoid a so . . .“**

„Am Anfang schuf Gott Himmel und Erde . . .“ (Genesis 1,1).

In den uns bekannten Bibelausgaben steht am Anfang der Anfang und am Ende steht das Ende.

Die Ur-Schrift aber geht vor den Anfang, aber auch *„hinter“* den („Zeit“)-Punkt zurück, der für das Ende steht. Denn es gibt keine Zeit und kein Ende.

Weil alles eins ist.

Wir Menschen, mit unserer begrenzten Vorstellungsgabe, müssen da an einen Kreis denken: Wo ist der Anfang des Kreises? Wo das Ende?

Alles schließt sich in sich selbst, *„paßt z'amm“* und ist harmonisch perfekt.

Das, übrigens, ist der Grund, warum der Sparifankerl keine Chance hat: Er will alles auf den Kopf stellen.

Aber wie will man einen Kreis auf den Kopf stellen?

Armer Deifi.

Was meinen Sie, lieber Leser? Man könnte sich doch von der Kreisbahn weg, nach *„oben“* oder nach *„unten“* bewegen? Man könnte hier, in der

„dritten Dimension", Anfang und Ende markieren?
Nein.

Denken Sie sich nun eine Kugel.
Auf deren Oberfläche darf man sich bewegen, solange man will und in jede Richtung, die einem zusagt:
Man kommt an keinen Anfang und an kein Ende. Und dies ist erst die dritte Dimension.
Und dann noch die vierte Dimension..., die Unendlichkeit von Dimensionen...

Über Anfang und Ende nachzudenken, ist ein Unterfangen ohne Anfang und Ende.
Nur wir Menschen, die wir Geburt und Tod *„gewohnt"* sind, glauben fest, daß alles einen Anfang und ein Ende hat.
Ist aber nicht so.
Warum das nicht so ist?
In der Ur-Schrift steht der entscheidende Satz, warum das *„so"* ist, nämlich so, daß es nicht so ist:

„... es is hoid a so..."

Selten wird so klar, was die Ur-Schrift für theologische und philosophische „Löcher" aufzufüllen vermag. Weil man eben die entscheidenden Dinge, die über unsere hölzerne Begrifflichkeit hinausragen, nur *„auf Bayerisch"* ausdrücken kann. Und darf.

Deshalb kann die Urschrift nur in dieser Sprache geschrieben sein.
Es ist eben so.

Erschaffung des Jetzt

*jea-zad**

Das Wort „*jea-zad*“ findet sich in jedem Teil der Ur-Schrift, der das „*Vor*“, das „*Zwischen*“ und das „*Danach*“ der Schöpfung behandelt.

– Also nicht in der –, uns bekannten –, Bibel steht.
Und was geht aus dem „*jea-zad-Bericht*“ der Ur-Schrift hervor?

Daß es nur eine Zeit gibt, ein Sein, ein Vorher, ein Jetzad, ein Nachher... und daß das alles, wiederum eins ist und *z'ammpaßt*“.

Und dann steht da noch etwas:
Das „*Jetzad*“ existiert nur für uns Menschen, es ist ein Kind des menschlichen Geistes, der „*jetzt*“ denkt. Und denken kann (...wenn er denken kann...!), daß er jetzt „*ist*“.

Das „*Jetzad*“ muß nicht unbedingt so klein sein, wie der Augenblick, das „*Momenterl*“, also das unendlich kleine Teilstück zwischen Vergangenheit und Zukunft, das so unendlich klein ist, wie die Unendlichkeit groß ist. Das „*Jetzad*“ kommt nicht so philosophisch und zeitatomisierend daher..., sondern, es ist das..., – Ihr!
–, ...Leben.

Leben. Sonst nichts.

Jetzad frage ich Sie:

Haben Sie heute schon *„gelebt“*, liebe Leser?
Wenn nicht: Tun Sie’s.
Jetzad!

Denn *„nachad“***, da ist es nachad z’spät.

* Jetzt
** Nachher

Erschaffung des Danach
Das Paradies

*„es paßt oiss z'amm"** „narrisch schee ..."***

Was wird sein ..., danach, wenn wir alle nicht mehr sind?
Wenn wir, auf dieser erschaffenen Erde, nicht mehr existieren?
Also, wenn wir gestorben sein werden.
Einiges haben wir aus der Ur-Schrift erfahren, wie es „vorher" war.
Der Liebe Gott mußte erst das Erschaffen erschaffen, dann das Sein und das Nichts (das Nicht-Sein); dann die Zeit ..., schließlich den Kosmos, die Welt, *„die Schöpfung"*.

Er erschuf den Augenblick, der so unendlich klein ist, wie die Unendlichkeit groß ist.

Auch die Bibel ist nur ein, wenn auch langer, Zeit-Ausschnitt aus dem, was Menschen „Unendlichkeit" nennen. Unsere Bibel berichtet vom *„Vorher"*, aber auch vom *„Nachher"*.
Und, was sagt sie?

„es paßt oiss z'amm!"

Genau das sagt sie: Daß alles *„zusammenpaßt"!*
Poetische Gemüter würden es mit *„Harmonie"*, *„Sphärenharmonie"*, *„Eins-Sein im großen Ganzen"* ... usw., umschreiben.

Da haben wir's:
„Vorher" und *„Nachher"*, *„Jetzt"*, *„Dann"* und *„Irgendwann"*, werden eins sein.
Weil sie, bereits jetzt, eins sind.

*„Oiss bleibt beim oidn"****, haben wir über die Zeit gehört.
Aber halt!
Da findet sich noch ein Zitat in der Ur-Schrift, die Unendlichkeit, das *„Danach"* betreffend:
Wie wird es sein . . . dann?

„narrisch schee". . .,

steht in der Ur-Schrift.

Weil eben im *„Danach"* oiss z'ammpaßt, das heißt, weil eine unendliche Harmonie besteht!

Der Klang des Zustandes im Danach, wo *„oiss z'ammpaßt"*. Ist das nicht *„narrisch schee"*?

* Alles paßt wunderbar.
** Unheimlich schön.
*** Alles bleibt beim Alten.

Erschaffung der Lust

„er... kennen“

Die Lust wurde gar nicht erschaffen.
Warum?
Weil der Liebe Gott, als er die *„Lust“* erschuf, keine Lust mehr hatte, etwas zu erschaffen.

Das kam so:
Er sah das Sechs-Tage-Werk, sah den Menschen –, und hatte keine Lust, weiterzuerschaffen.
Das war am siebten Tag.
Da sprach Gott –, wie es uns die Ur-Schrift berichtet:

„I hab koa Lust mehr...!“

und, kaum hatte er es gesagt, war die Lust in der Welt. Denn, was er aussprach, das *„wurde“*.

Die Lust ist also ein Sonntagskind.
Kein Wunder.
Nachdem sie einmal da war, machte der Liebe Gott lustig das Beste daraus.
Das Aller-Allerbeste.

Er schenkte die Lust dem Menschen, der, gerade am Sonntag, wo er nicht arbeiten muß, ganz *„er selbst“* sein darf.
Also Lust haben.

Die Lust ist der Luxus der Schöpfung –, wie die Ur-Schrift zu sagen weiß; sie ist ein Gottesgeschenk und wurde erst in späteren Jahren, Jahrhunderten [in Gottes Namen], kaputtgetreten.

Zur Lust gehört das Schönste auf Erden, das die Bibel, dezent, „*erkennen*" nennt.
Weil man sich –, da hat die Bibel recht! –, dabei zumeist in die Augen schaut... und auch wissen sollte, was der/die andere..., für ein Mensch ist.
Sonst heißt es leicht: „*Kennst mi nimmer...?*"
Unsere Gegenwart beweist, wie wichtig es ist, den anderen zu kennen. – Sonst kann die Lust zur tödlichen Seuche werden!

„*I kenn di!*" sagte Adam zu Eva, weil er, damals, seine Lebensgefährtin wirklich noch kennen konnte.
In unserer seelenlosen Massenzeit ist da viel verloren gegangen.

So mahnt –, sogar! –, die Ur-Schrift prophetisch:
„*Kenna soit ma si scho!*"*

Siehe oben.
Aber dann darf man die Lust, nicht nur am Sonntag –, voll genießen.

Er-kennen...!
Wer erkennt, der kennt,
wer kennt, der ko,
wer ko, der ko.

So, oder so.

* „Wenigstens kennen sollte man sich!"

Erschaffung des Geistes

„siebeng'scheit ...“

Den Geist brauchte der Liebe Gott nicht zu erschaffen.
Er war schon da.

In der Bibel steht, daß dieser Geist, vor der Schöpfung bereits (!), *„... über den Wassern schwebte ...“*.
Hier findet sich also, in der (bekannten) Bibel, ein echter Hinweis auf die Ur-Bibel, unsere Urschrift.

Gott gab dem Menschen Geist.
Da kam der Sparifankerl, wollte, wie immer, mitschöpfen und stellte alles *„auf den Kopf“*.
Die Menschen wurden *„siebeng'scheit“*.
Ganz genauso steht's in der Ur-Schrift:

„siebeng'scheit“ –

Sie sind sieben-mal gescheiter als gescheit und das ist nichts anders als saubläd.
Wer g'scheit ist, weiß, daß zu einem g'scheiten G'scheitsein ein Einmal-G'scheitsein langt.

Die Menschen gleichen, mit ihrem vielbesungenen Geist, den Musterschülern, die unsere Oberschulen bevölkern, allerbeste Noten schreiben, verzweifelt sind, wenn sie von einem *„Einser“* auf einen *„Zweier“* rutschen, dann noch mehr lernen, genauso sich verhalten, wie die Lehrer es wünschen ..., den *„Lern-Stoff“* nachplappern ..., und es im Leben zu nichts bringen.

Die Menschen haben es im gesamten (Menschheits)-Leben *„zu nichts gebracht“*, nur zum Sich-Umbringen haben sie es gebracht. Und die Welt fast ruiniert.
Aber sie glauben an ihren Fortschritt und halten sich, eben –, für siebeng'scheit!
Und sind es auch.
Sie wissen nichts, aber alles wissen sie besser.

Jedoch: Um wirklich g'scheit zu sein, genügt es *„voll“*-kommen, daß man *„einmal-g'scheit“* ist.

Dann weiß man nichts siebenmal besser.
Aber man weiß etwas.
Die, die etwas wissen,
die wissen das.

Die Erschaffung der Sprache

*„...sog...?“**

So einfach geht's nicht.
Die Menschen konnten keineswegs munter reden und plappern, kaum, daß sie erschaffen waren vom Lieben Gott.

Jeder Sprachforscher der Welt weiß, was für ein komplexes Ding *„Sprache“* ist. Und jede Mutter weiß, (manche Väter wissen's auch!), wie bedächtig und *„Schritt für Schritt“*, ein Kind sprechen lernt.

Der erste Mensch konnte auch nicht sprechen. Sprachlos stand er als Geschöpf in der Schöpfung.

Der erste Mensch stellte sich an wie der erste Mensch!

In der Bibel aber steht, der erste Mensch hätte sich geflissentlich mit dem Lieben Gott unterhalten und sich ein Weib gewünscht.
Hat er auch.
Aber erst mußte die Sprache erschaffen werden.
Das steht in der Ur-Schrift. Und zwar so:

Gottvater sah das von ihm soeben erschaffene Urviech an, war zufrieden und freute sich an den wachen Augen des ersten Menschen. Auch wollte er wissen, ob der Mensch, mit sich selber –, zufrieden sei?

Deshalb sprach Gott zu Adam:

„. . . is da des recht so –, sog . . . ?“

Und schon hatte der Liebe Gott, ohne es eigentlich recht zu wollen, die Sprache erschaffen!

Denn, jeder seiner Gedanken, Wünsche und Aussagen während der *„Schöpfungswoche“*, der wurde

. . . Schöpfung.

„. . . Sog?“

„Jaja“, sagte Adam daraufhin, *„. . . scho recht!“*

Und dann sagte er mehr.

Eva, später, die redete noch viel, viel mehr und quasselte überhaupt viel zu viel.

Siehe Schlange.

Der Liebe Gott aber freute sich über die Sprache, die zunächst nur eine willkommene Kapriole der Schöpfung war.

Nach der Babylonischen Sprachverwirrung entstanden die Weltsprachen. Und mit Hilfe der Sprache wurde die Bibel niedergeschrieben.

Die erste Sprache aber war *„Bayerisch“*, denn Gottvater hatte gesagt:

„. . . sog . . . ?“

Und deshalb, lieber geneigter Leser . . ., ist die Ur-Schrift bayerisch und kann nur bayerisch sein.

Nun ist es also bewiesen. Eindeutig.

* Sprich, sage!

Die Erschaffung des Glaubens

*„...glaub i ned..."**

Da stand Adam, soeben erschaffen, und Gottvater legte ihm die Welt zu Füßen.

In der Bibel, die wir kennen, da steht ausführlich von diesem Gespräch (siehe „Erschaffung der Sprache!"), dem Ur-Gespräch zwischen Gott und Adam.

In der Ur-Schrift aber, findet sich der originale Wortlaut des ersten Satzwechsels zwischen Gott und dem Menschen.

Gottvater wollte sagen:

> „Ich bin der Liebe Gott. Dir, Adam, Dir schenke ich alles..."

Aber, so weit kam es nicht.
Denn, kaum hatte er gesagt:

> „Ich bin der Liebe Gott" –,

da erwiderte Adam:

> „Glaub i ned!"

Jetzt wissen wir es:
Der Glaube wurde gar nicht erschaffen, er ist nur eine Andersherum-Formulierung des unentwegten Nichtglaubens vieler Menschen; des Nichtglaubens und Nichtglaubenwollens an einen Lieben Gott, der gut ist und nur Gutes will.

Deshalb formulieren viele ihren (versteckten) Glauben in modischem Nichtglauben.

Sie sagen: „Ich glaube nicht an Gott" und beweisen, indem sie seinen Namen nennen, wie sehr sie doch . . .

Aber dies gehört nicht hierher.

Über den Glauben ließe sich, glaube ich, viel erzählen.

Die Ur-Schrift berichtet, daß sich bereits der erste Mensch im Nichtglauben gefiel, obwohl er den Lieben Gott vor sich sah.

Was nicht jedem Menschenkind beschieden ist!

Jeder will glauben, aber er will glauben, daß er es nicht nötig hat, etwas zu glauben.

Der Liebe Gott läßt die Menschen in ihrem Glauben, wenn es sein muß, in ihrem Glauben an den Nichtglauben, weil er glaubt, daß es schon so richtig ist und die eitlen Menschen damit glücklich sind.

Sie wollen glauben, daß das „*Wissen*" über den „*Glauben*" geht („. . . glauben heißt nicht wissen . . ."), und sie merken gar nicht, daß der Glaube an das Wissen auch nur ein Glaube ist.

Aber das wissen sie nicht.

Man möchte es nicht glauben.

* Glaube ich nicht.

Die Erschaffung der Theologie!

*„... äh oiss klar ...“**

Nun hatte Gottvater also die Sprache erschaffen. Und freute sich daran.

Die Weltsprachen waren entstanden, die *„hohe Dichtung“* genauso, wie das Gequassel allerorten.

Der Sparifankerl sah dies alles mit scheelen Augen an und wurde, wieder mal, grün vor Neid.

Er wird immerzu grün vor Neid, wenn er das von Gott Geschaffene anschauen muß.

Und wie immer, versuchte er sich selbst als *„Schöpfer“*.

Das gelingt ihm nie, wie wir Ur-Schrift-Leser wissen; er kann nur das vom Lieben Gott Geschaffene *„auf den Kopf stellen ...“*

Der Sparifankerl wollte also auch eine Sprache erschaffen und wußte nicht, welche.

Er schlich zum Lieben Gott, grinste und säuselte: „Großer Schöpfer, ich will dir eine Sprache schaffen, eine wunderschöne Sprache, die von Dir handelt und Deine Herrlichkeit lobpreist!“ „Dann tu's doch ...“, sagte der Liebe Gott, „... ich helfe dir, wenn du willst.“

Gott wußte, daß der Sparifankerl nichts erschaf-

fen, sondern nur Geschaffenes *„auf den Kopf stellen“* konnte.
Und kann.
Und der Sparifankerl tat ihm ein wenig leid.
So ist er, der Liebe Gott.

Der Sparifankerl *„erschuf“:*
Er mühte sich, eine Sprache zu finden, die *„von Gott handelt“.*
Und fand sie.

Aber, es war dies eine *„auf-den-Kopf-stell-Sprache“*, denn, etwas anderes, als Verdrehtheiten, kommt beim Sparifankerl nie heraus.

Er erfand das *„Reden von Gott“.*
Die griechische Bibel-Übersetzung stützt sich, hier, direkt auf die Ur-Schrift. Denn:
„theos“ heißt „Gott“ und „logos“ heißt „Reden, Sprache, Verstehen“.
Aus „theos“ und „logos“ setzt sich das Wort „Theo-logie“ zusammen.
So ist das.

Wenn das die Theologen wüßten, daß ihre schöngeistige *„Auf-den-Kopf-stell“*-Sprache ein mickriger Schöpfungsversuch vom Sparifankerl ist . . .

Wir Ur-Schrift-Leser wissen es.
Denn, in der Ur-Schrift steht: „Für den Lieben Gott war das . . .

. . . äh oiss klar . . .“

Nämlich, daß der Sparifankerl ein Kasperl und ein Möchtegern-Schöpfer ist und daß die, so entstandene, Theologie ein Herumgerasple um die Schöpfung werden wird, aber die Freude an

Gottes Schöpfung nie ganz wiederspiegeln kann.
Wie auch?
Im Gegenteil:

Die Theologie –, so eine Prophetie in der Ur-Schrift –, wird die Schöpfung, zu der auch –, und vor allem! –, die *„Lust“* gehört** –, leugnen und verneinen.
Und die Theologen, die *„von-Gott-Redner“*. . . , sie werden die Bekämpfung der Lust als ihr *„Berufszeichen“* vor sich hertragen . . .
. . . aber nicht alle!

Ein bißchen ist schon etwas dran, an der Theologie.
Weil der Liebe Gott, seinerzeit, dem Sparifankerl dezent geholfen hat.
Kann er sich leisten.

Denn, für ihn, den Lieben Gott, ist *„. . . äh oiss klar . . .“*.
Und was klar ist, ist logisch. *„Logisch?“*
Das klingt nicht umsonst so ähnlich, wie *„logos“*.
Oder *„theo-logos“*.
Oder Theo-logie.
Logisch . . .?

* Ohnedies unglaublich klar.
** Siehe: „Erschaffung der Lust“!

Die Erschaffung der Enttäuschung

*„. . . er hat's g'spannt . . .“**

Die Ur-Schrift berichtet auch von der Enttäuschung.
Doch vorweg dies:
Ist *„Enttäuschung“* oder *„Enttäuscht-Sein“* etwas Trauriges?

Glauben Sie, liebe Leser, man müsse Enttäuschungen möglichst vermeiden und ihnen aus dem Wege gehen?

Wir Ur-Schrift-Herausgeber glauben dies, nachdem wir die –, unserer bekannten Bibel vorausgehenden –, Schriftrollen gelesen und studiert haben, nicht.
Warum?

Weil Ent-täuschung nichts anderes heißt, als: „von einer Täuschung befreit sein!“.

Die Vorsilbe *„ent . . .“*, die bedeutet in unserer Sprache doch immer *„Freisein von . . .“:*
Ent-krampfung ist Freiwerden vom Krampf, Ent-bindung ist Freiwerden von der Nabelschnur . . . usw.
Und *„Ent-täuschung“* bedeutet nichts anderes als, daß man sich getäuscht hat (was sicherlich bedauerlich ist), nun aber ist man frei davon.

„Er hat's g'spannt . . .“

steht da in unserer Ur-Schrift. Und wir haben es übersetzt mit *„Ent-täuschung“*.

Wer in der Liebe enttäuscht wird, der *„spannt“* halt, daß er eine falsche Vorstellung von einem Menschen hatte. Nun wird er frei davon. Allerdings kann und darf man sich nicht ewig täuschen.

Nur dumme Leute werden selten enttäuscht. – Weil sie *„nie nix“* spannen ...!

Die Enttäuschung ist menschlich. Sie passiert jedem Menschen ...
Halt!
Sie passierte auch dem Lieben Gott.

Deshalb ist sie, die Enttäuschung, in der Ur-Schrift beschrieben:
Der Liebe Gott glaubte zu sehr an *„seine“* Menschen.
Er gab ihnen alle seine eigenen Gaben mit, sogar die Fähigkeit zum schöpferischen Schaffen, er erschuf die Menschen nach seinem Bild, gab ihnen Freiheit und die Möglichkeit für Einsicht; gab ihnen Geist ... und was passierte?

Die Menschheit ent-täuschte ihn, den Lieben Gott, seit es sie gab. Das fing an mit Adam und Eva und hört mit der Gegenwart (nicht) auf.

Die Bibel handelt eigentlich nur davon, wie Gottvater den Menschen, immer wieder, die Hand reicht und wie diese Menschheit den Lieben Gott beleidigt.

Ihn *„ent-täuscht“*.

Ist er traurig?

Nicht allzusehr, denn er ist der Liebe Gott.
Er weiß das, daß er lediglich von einer Täuschung befreit ist.
Er glaubte an die Menschen –, viel mehr, als die Menschen an ihn glauben . . .
. . . bis ihm geschah, was die Ur-Schrift berichtet:

„Er hat's g'spannt!"

Jetzt liebt er die Menschen auf andere Weise. Er sandte ihnen den Erlöser, den Prediger von Liebe und Armut, aber die Menschen enttäuschten ihn wieder.

Sie verwandelten die herrlichen Worte von Jesus Christus in eine Weltherrschaft der Angst und der Ent-Sinnlichung. Wieder sah sich der Liebe Gott ent-täuscht und liebte weiter seine Menschheit.

Er ist eben Gott.
Er *„spannt etwas"* – und macht Gutes daraus.
Steht in der Ur-Schrift!
Und eine Prophetie dazu:

„Aber die Menschen spannen's nie . . ."

* Er hat es gemerkt.

Die Selbst-Erschaffung des Erfolges

*„... des, wos kimmt ...“**

Der Erfolg ist das, was er-folgt.
Der Erfolg folgt.

Er ist die Folge-Richtigkeit der Göttlichen Schöpfung, ist nichts anderes, als das Ineinandergreifen der Naturgesetze, das –, uns allen unerklärliche, aber leicht zu beobachtende –, Wachsen, Emporstreben, Sich-Entfalten ..., alles Geschaffenen.
Der Erfolg erfolgt.

Er wurde nicht erschaffen; folgerichtig ist er eine Folgeerscheinung der Schöpfung.
Der Erfolg erschafft sich, in-folge der Schöpfung, selbst.

In der Ur-Schrift steht: *„Er kimmt“*.
So wörtlich.
Der Erfolg ist

„... des, wos kimmt ...“.

Jedes Blümchen will wachsen und wächst empor, jeder Baum entfaltet seine Blätter, alles *„ist“* und *„wird“*.

Denn es gibt ein Gesetz der Entsprechung:

„... des, wos kimmt ...“.

Jeder Wasserfall „funktioniert“, „fällt“, „er-

folgt“, weil „Oben“ und „Unten“, weil zwei Spannungsmomente einen Ausgleich suchen.
Und finden.
Der Erfolg hat, so gesehen, eine Selbstfindungsautomatik!

Wer Erfolg in diesem Leben sucht, der braucht sich nur natürlich zu verhalten. „Natürlich“, das heißt: Der er-folgenden Gesetzen der kosmischen (göttlichen!) Ordnung gemäß.
Ganz einfach.
Weil das aber so wenige tun, haben so viele keinen Erfolg. Denn auch der Miß-Erfolg funktioniert und er-folgt.

Nur andersherum.
Andersherum? Auf-den-Kopf-gestellt? – Da weiß der Ur-Schrift-Leser gleich, was los ist:
Ist doch der Miß-Erfolg ein, vom Sparifankerl „erfundenes“, „*Auf-den-Kopf-Stellen*“ der Göttlichen Erfolgsidee.

Die Schöpfung hat alles in sich, was „*Erfolg*“ bedeutet. Wer sich daran nicht hält, wer sich nicht entsprechend dessen verhält, „*. . . wos kimmt . . .*“, der scheitert.
Das Unten drängt nach oben, für Kleingeisterei bleibt kein Platz. Dem Miß-Erfolg folgt, er-folgt, folglich der scheeläugige Bruder des Miß-Erfolges, der Neid.
Made by Sparifankerl.

Aber das braucht uns nicht zu interessieren.
Gottvater erschuf die Dinge folgerichtig.
„*. . . des, wos kimmt . . .!*“

* Das was kommt.

Der endgültige Beweis!

„Herabkunft des Heiligen Geistes:

Indes kam das Pfingstfest, und alle waren beisammen. Plötzlich erhob sich vom Himmel her ein Brausen, wie wenn ein gewaltiger Sturm daherführe. Es erfüllte das ganze Haus, in dem sie weilten. Zungen wie von Feuer erschienen ihnen, verteilten sich und ließen sich auf einen jeden von ihnen nieder. Alle wurden mit Heiligem Geist erfüllt.

Sie begannen in fremden Sprachen zu reden, wie der (Heilige) Geist ihnen eingab ..." *

Da haben wir's!

Die *„fremden"* Sprachen, in denen die Menschen *ab dem ersten Pfingstfest* zu reden begannen, (siehe obiges Zitat aus der Apostelgeschichte) –, diese Sprachen gibt es heute noch.

Die, uns bisher bekannte, Bibel erklärt uns aber nicht,

in welcher Sprache

man *vorher* redete. Die Bibel beweist nur, daß es, vor dem bekannten Pfingstereignis, eine (besondere) Sprache gab.
Welche ...?

Die Sprache der Ur-Schrift natürlich. Sonst gäbe es doch die Ur-Schrift nicht, die wir hier wiedergeben.

Der endgültige Beweis also.

* Apostelgeschichte (Apg.), 2,1 – 4.

eder

eders